고학년

# DREAM WAVE

민수기
역대상·하
마태복음
고린도후서
베드로후서

## 드림웨이브

SERVING STORY 1

꿈이있는 미래

# DREAM WAVE

고학년 드림웨이브

SERVING STORY 1


초판 1쇄 발행 2020년 10월 26일

발행인 김은호

소장 주경훈

편집장 강민영

글쓴이 김재우 이시영 박혜진 조성공

삽화 김영화

발행처 도서출판 꿈미

등록 제2014-000035호

주소 서울시 강동구 양재대로81길 39, 이노빌딩 2층

전화 02-6413-4896

팩스 02-470-1397

홈페이지 (꿈미) www.coommi.org (쇼핑몰) www.coommimall.com

ISBN 979-11-90862-07-3 74230

# 다음 세대를 다시 일으킬 거룩한 WAVE!

### 나만의 이야기가 중요한 시대입니다.

단순한 스펙을 넘어, 스토리텔링할 수 있는 자신의 이야기를 가지는 것이 교육에서도 참으로 중요합니다. 이런 교육 철학을 가지고, 우리의 다음세대가 하나님과의 스토리를 만들어 가도록 '꿈이 있는 미래'에서 초등학교 학생들을 위한 공과 교재를 발간했습니다.

### 이 교재는 각 과에서 '하나님의 이야기'와 '나의 이야기'를 연결합니다.

자라나는 다음세대들이 하나님의 이야기를 배움으로써, 그 이야기가 나의 이야기로 어떻게 연결되는지 체험하게 될 것입니다. 그 이야기에는 세상이 감당할 수 없는 하나님의 사람으로 자라나게 하는 힘이 있습니다.

### 이와 같은 교육 철학을 담은 WAVE를 통해,

무너진 한국 교회와 가정이 다음세대를 통해 다시 일어서고, 하나님 나라의 귀한 일꾼들로 세워지길 간절히 기도합니다.

꿈이 있는 미래 대표 목사

# SERVING STORY 1

하나님과
나의
이야기

# MY HISTORY

내 이름은 ________________.

________________ 교회 ______ 학년 ______ 반

나의 꿈은 ________________________________.

이 꿈을 이루기 위한 나의 다짐은

첫째, ________________________________

둘째, ________________________________

지금부터 하나님과 ________________ 의

이야기가 시작된다!

FIGHTING

# 교재 활용법

이 교재는 각 과마다
Bible Story(하나님의 이야기)와
My Story(나의 이야기)로
구성되어 있습니다.

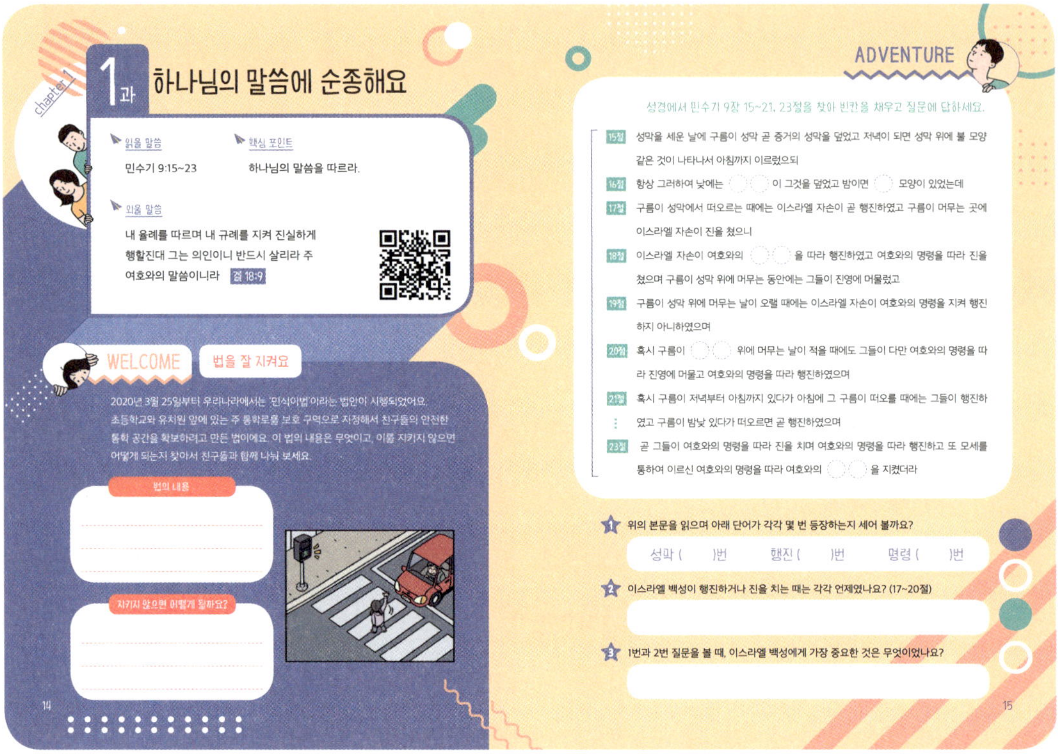

chapter 1

1과 하나님의 말씀에 순종해요

읽을 말씀

민수기 9:15~23

핵심 포인트

하나님의 말씀을 따르라.

외울 말씀

내 율례를 따르며 내 규례를 지켜 진실하게 행할진대 그는 의인이니 반드시 살리라 주 여호와의 말씀이니라 겔 18:9

WELCOME 법을 잘 지켜요

2020년 3월 25일부터 우리나라에서는 '민식이법'이라는 법안이 시행되었어요. 초등학교와 유치원 앞에 있는 주 통학로를 보호 구역으로 지정해서 친구들의 안전한 통학 공간을 확보하려고 만든 법이에요. 이 법의 내용은 무엇이고, 이를 지키지 않으면 어떻게 되는지 찾아서 친구들과 함께 나눠 보세요.

법의 내용

지키지 않으면 어떻게 될까요?

14

ADVENTURE

성경에서 민수기 9장 15~21, 23절을 찾아 빈칸을 채우고 질문에 답하세요.

15절 성막을 세운 날에 구름이 성막 곧 증거의 성막을 덮었고 저녁이 되면 성막 위에 불 모양 같은 것이 나타나서 아침까지 이르렀으되

16절 항상 그러하여 낮에는 ( )이 그것을 덮었고 밤이면 ( ) 모양이 있었는데

17절 구름이 성막에서 떠오르는 때에는 이스라엘 자손이 곧 행진하였고 구름이 머무는 곳에 이스라엘 자손이 진을 쳤으니

18절 이스라엘 자손이 여호와의 ( )을 따라 행진하였고 여호와의 명령을 따라 진을 쳤으며 구름이 성막 위에 머무는 동안에는 그들이 진영에 머물렀고

19절 구름이 성막 위에 머무는 날이 오랠 때에는 이스라엘 자손이 여호와의 명령을 지켜 행진하지 아니하였으며

20절 혹시 구름이 ( ) 위에 머무는 날이 적을 때에도 그들이 다만 여호와의 명령을 따라 진영에 머물고 여호와의 명령을 따라 행진하였으며

21절 혹시 구름이 저녁부터 아침까지 있다가 아침에 그 구름이 떠오를 때에는 그들이 행진하였고 구름이 밤낮 있다가 떠오르면 곧 행진하였으며

⋮

23절 곧 그들이 여호와의 명령을 따라 진을 치며 여호와의 명령을 따라 행진하고 또 모세를 통하여 이르신 여호와의 명령을 따라 여호와의 ( )을 지켰더라

1. 위의 본문을 읽으며 아래 단어가 각각 몇 번 등장하는지 세어 볼까요?

성막 ( )번 행진 ( )번 명령 ( )번

2. 이스라엘 백성이 행진하거나 진을 치는 때는 각각 언제였나요? (17~20절)

3. 1번과 2번 질문을 볼 때, 이스라엘 백성에게 가장 중요한 것은 무엇이었나요?

15

WELCOME

말씀 안으로 들어가기 위해 마음을 여는 단계입니다. 소개된 활동과 질문을 통해 자신의 이야기를 함께 나눕니다.

ADVENTURE

성경 본문 탐험을 통해 귀납적인 성경 연구와 본문의 핵심 내용을 파악하는 단계입니다.
먼저, 성경책을 찾아서 성경 본문의 빈칸을 완성합니다.
본문을 완성한 후, 선생님의 지도에 따라 세 가지 질문의 답을 성경 본문에서 찾아봅니다.

**하나님의 이야기**(Welcome / Adventure / Value)는 주일 공과 교재로 선생님과 함께 진행하고,
**나의 이야기**(Enjoy my Story)는 주중에 가정에서 어린이들이 스스로 작성합니다.

## VALUE

배운 말씀을 기반으로 간단한 활동을 하면서 삶에 구체적인 가치를 부여하는 단계입니다.
말씀을 내 삶에 적용하기 위한 질문에 진지하게 대답하고 결단하는 시간을 가집니다. 함께 결단한 내용을 토대로 기도하며 마무리합니다.

## ENJOY MY STORY

배운 말씀을 한 주 동안 실천해 봅니다. 구체적인 계획을 통해 하나님의 말씀을 지키며 거룩한 습관을 세워 가는 단계입니다. 한 주에 한 번 식탁 교제를 하고 느낀 점을 기록합니다.

# 한눈에 보기

| Chapter | 주제 | Bible | 과 | 제목 | 읽을 말씀 | 외울 말씀 | 핵심 포인트 |
|---|---|---|---|---|---|---|---|
| 1 | 따름 | 민수기 | 1 | 하나님의 말씀에 순종해요 | 민 9:15~23 | 겔 18:9 | 하나님의 말씀을 따르라. |
| | | | 2 | 하나님의 권위에 순종해요 | 민 12:1~16 | 시 101:6 | 하나님의 권위를 따르라. |
| | | | 3 | 두려움 없이 하나님을 따라가요 | 민 14:1~10 | 민 14:9b | 두려워하지 말고 따르라. |
| | | | 4 | 겸손하게 말씀에 순종해요 | 민 16:25~35 | 신 11:1 | 겸손하게 따르라. |
| | | | 5 | 말씀을 믿고 따라요 | 민 21:1~20 | 민 21:8 | 믿음으로 따르라. |
| 2 | 성취 | 민수기 | 1 | 일을 이루시는 하나님을 알아요 | 민 22:21~35 | 렘 33:14 | 성취하시는 하나님을 알라. |
| | | | 2 | 일을 이루시는 하나님을 믿어요 | 민 27:12~23 | 민 27:17 | 성취하시는 하나님을 신뢰하라. |
| | | | 3 | 하나님과의 약속을 지키며 살아요 | 민 30:1~16 | 민 30:2 | 성취하시는 하나님을 기대하라. |
| | | | 4 | 구원자이신 예수님께 감사해요 | 민 35:9~21 | 잠 16:3 | 성취하시는 하나님께 감사하라. |
| 3 | 위로 | 베드로후서 | 1 | 위로의 약속이 있어요 | 벧후 3:1~10 | 벧후 3:9b | 하나님의 약속으로 위로하라. |
| | | 고린도후서 | 2 | 하나님의 사랑으로 위로해요 | 고후 1:23~2:11 | 고후 2:8 | 하나님의 사랑으로 위로하라. |
| | | | 3 | 진실한 섬김으로 위로해요 | 고후 8:1~15 | 고후 8:7 | 진실한 섬김으로 위로하라. |
| | | | 4 | 서로 세워 주고, 서로 위로해요 | 고후 13:1~13 | 고후 13:11b | 서로 위로하라. |

# SERVING STORY 1

| Chapter | 주제 | Bible | 과 | 제목 | 읽을 말씀 | 외울 말씀 | 핵심 포인트 |
|---|---|---|---|---|---|---|---|
| 4 | 인정 | 마태복음 | 1 | 생명을 주시는 예수님을 만나요 | 마 28:1~10 | 요 11:27b | 생명을 주시는 예수님을 인정하라. |
| | | 역대상 | 2 | 하나님의 능력을 인정해요 | 대상 14:1~17 | 시 93:1 | 하나님의 능력을 인정하라. |
| | | | 3 | 하나님의 권위를 인정해요 | 대상 17:16~27 | 대상 17:22 | 하나님의 권위를 인정하라. |
| | | | 4 | 하나님의 도우심을 인정해요 | 대상 22:1~19 | 대상 22:12 | 하나님의 도우심을 인정하라. |
| 5 | 온전한 마음 | 역대 상·하 | 1 | 온전한 마음으로 자원해요 | 대상 29:1~19 | 대상 28:7 | 온전한 마음으로 자원하라. |
| | | | 2 | 온전한 마음으로 하나님을 예배해요 | 대하 5:1~14 | 시 5:7 | 온전한 마음으로 하나님을 예배하라. |
| | | | 3 | 온전한 마음으로 말씀을 지켜요 | 대하 8:1~18 | 레 18:4 | 온전한 마음으로 말씀을 지키라. |
| | | | 4 | 온전한 마음을 지켜요 | 대하 12:1~16 | 잠 3:1 | 온전한 마음을 지키라. |
| | | | 5 | 온전한 마음으로 정의를 행해요 | 대하 14:1~15 | 잠 2:8 | 온전한 마음으로 정의를 행하라. |
| 6 | 구원 | 역대하 | 1 | 구원의 하나님을 바라봐요 | 대하 20:1~19 | 대하 20:17a | 구원의 하나님을 보라. |
| | | | 2 | 구원의 하나님을 의지해요 | 대하 25:1~16 | 시 84:12 | 구원의 하나님을 의지하라. |
| | | | 3 | 구원의 하나님께 돌이켜요 | 대하 29:1~19 | 삼하 22:4 | 구원의 하나님께 돌이키라. |
| | | | 4 | 구원의 하나님 앞에 행해요 | 대하 31:1~21 | 대하 31:20 | 구원의 하나님 앞에 행하라. |

# 목 차

chapter 4 인정



chapter 5 온전한 마음



chapter 6 구원

chapter

# 1 따름

FOLLOWING

## 주제 설명

사람들은 믿지 않는 사람을 따르지 않습니다. 자녀가 부모의 말을 따르고, 친구가 다른 친구의 말을 따른다는 것은 그 부모와 친구를 신뢰한다는 뜻입니다. 규칙이나 법을 따를 때도 마찬가지입니다. 자신이 속한 단체의 규칙이나 사회의 법을 따르는 이유는 그 규칙과 법을 제정한 조직과 사회를 인정하고 신뢰하기 때문입니다. 하나님을 따르고 하나님의 말씀을 지키는 이유와 의미도 이와 같습니다. 하나님의 말씀을 우리 삶의 기준으로 삼고 따르는 이유는 하나님을 신뢰하기 때문입니다. 하나님이 우리에게 가장 좋은 것을 주시려고 그분의 법과 원리를 세우셨다는 사실을 믿기 때문입니다. 우리가 하나님의 말씀을 따른다는 것은 하나님이 좋은 분이심을 우리가 믿는다는 뜻입니다. 1장에서는 하나님을 믿는 우리가 어떻게 하나님을 따라야 하는지 공부하며 알아보도록 하겠습니다.

chapter 1

# 1과 하나님의 말씀에 순종해요

**읽을 말씀**

민수기 9:15~23

**핵심 포인트**

하나님의 말씀을 따르라.

**외울 말씀**

내 율례를 따르며 내 규례를 지켜 진실하게 행할진대 그는 의인이니 반드시 살리라 주 여호와의 말씀이니라 겔 18:9

## WELCOME 법을 잘 지켜요

2020년 3월 25일부터 우리나라에서는 '민식이법'이라는 법안이 시행되었어요. 초등학교와 유치원 앞에 있는 주 통학로를 보호 구역으로 지정해서 친구들의 안전한 통학 공간을 확보하려고 만든 법이에요. 이 법의 내용은 무엇이고, 이를 지키지 않으면 어떻게 되는지 찾아서 친구들과 함께 나눠 보세요.

**법의 내용**

**지키지 않으면 어떻게 될까요?**

ADVENTURE

성경에서 민수기 9장 15~21, 23절을 찾아 빈칸을 채우고 질문에 답하세요.

15절 성막을 세운 날에 구름이 성막 곧 증거의 성막을 덮었고 저녁이 되면 성막 위에 불 모양
같은 것이 나타나서 아침까지 이르렀으되

16절 항상 그러하여 낮에는 ( )( )이 그것을 덮었고 밤이면 ( ) 모양이 있었는데

17절 구름이 성막에서 떠오르는 때에는 이스라엘 자손이 곧 행진하였고 구름이 머무는 곳에
이스라엘 자손이 진을 쳤으니

18절 이스라엘 자손이 여호와의 ( )( )을 따라 행진하였고 여호와의 명령을 따라 진을
쳤으며 구름이 성막 위에 머무는 동안에는 그들이 진영에 머물렀고

19절 구름이 성막 위에 머무는 날이 오랠 때에는 이스라엘 자손이 여호와의 명령을 지켜 행진
하지 아니하였으며

20절 혹시 구름이 ( )( ) 위에 머무는 날이 적을 때에도 그들이 다만 여호와의 명령을 따
라 진영에 머물고 여호와의 명령을 따라 행진하였으며

21절 혹시 구름이 저녁부터 아침까지 있다가 아침에 그 구름이 떠오를 때에는 그들이 행진하
였고 구름이 밤낮 있다가 떠오르면 곧 행진하였으며

⋮

23절 곧 그들이 여호와의 명령을 따라 진을 치며 여호와의 명령을 따라 행진하고 또 모세를
통하여 이르신 여호와의 명령을 따라 여호와의 ( )( )을 지켰더라

1. 위의 본문을 읽으며 아래 단어가 각각 몇 번 등장하는지 세어 볼까요?

성막 (　　)번　　행진 (　　)번　　명령 (　　)번

2. 이스라엘 백성이 행진하거나 진을 치는 때는 각각 언제였나요? (17~20절)

3. 1번과 2번 질문을 볼 때, 이스라엘 백성에게 가장 중요한 것은 무엇이었나요?

## VALUE 말씀 따르기 게임!

게임에는 항상 규칙이 있어요. 규칙에 따라 게임을 해야만 게임에서 정당하게 이길 수 있어요. 스마트폰 주사위 앱으로 아래 게임을 진행해 볼까요?

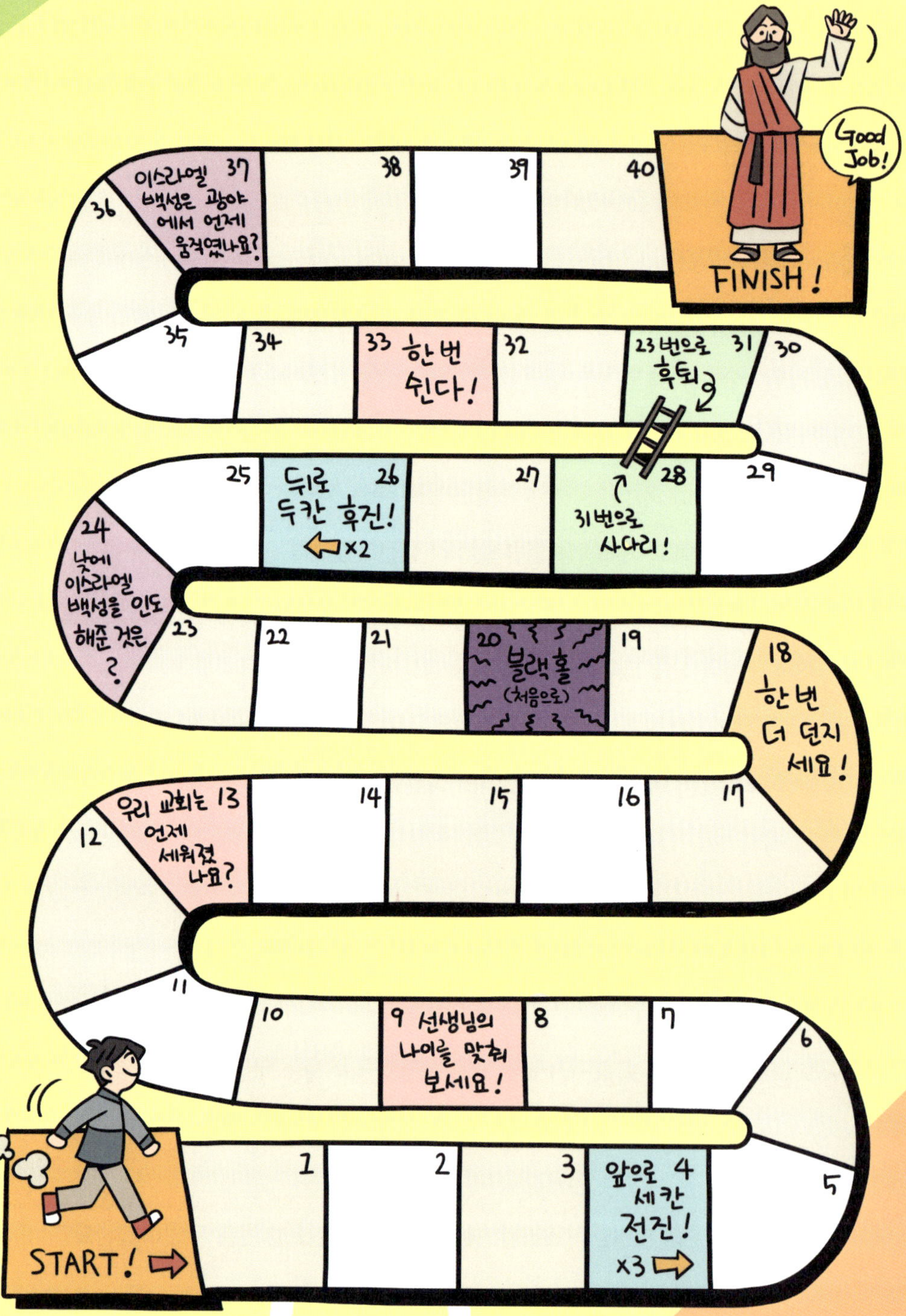

# ENJOY MY STORY

하나님의 말씀을 따르는 데 방해되는 요소를 적어 보고
이것들을 이기게 해 달라고 하나님께 기도하세요.

| | 말씀을 따르는 데 방해되는 요소 | 하나님께 기도해요. |
| --- | --- | --- |
| 월 | | |
| 화 | | |
| 수 | | |
| 목 | | |
| 금 | | |
| 토 | | |

식탁 교제! 일기를 쓰세요.

년 월 일 시간 함께한 사람 장소

기억하고 싶은 것을 기록해 보세요.

chapter 1

# 2과 하나님의 권위에 순종해요

**읽을 말씀**

민수기 12:1~16

**핵심 포인트**

하나님의 권위를 따르라.

**외울 말씀**

내 눈이 이 땅의 충성된 자를 살펴 나와 함께 살게 하리니 완전한 길에 행하는 자가 나를 따르리로다 시 101:6

## WELCOME 빨강 올려, 파랑 올려

'빨강 올려, 파랑 올려' 게임을 해 볼 거예요. 선생님의 말씀에 따라 파란색 공을 든 손을 올리거나, 빨간색 공을 든 손을 올리면 됩니다. 이 게임에서 이기려면 선생님의 말씀을 잘 듣는 것이 중요해요. 함께 해 볼까요?

## ADVENTURE

성경에서 민수기 12장 1~8절을 찾아 빈칸을 채우고 질문에 답하세요.

1절 모세가 구스 여자를 취하였더니 그 구스 여자를 취하였으므로 미리암과 아론이 모세를 ○○하니라

2절 그들이 이르되 여호와께서 모세와만 말씀하셨느냐 우리와도 말씀하지 아니하셨느냐 하매 여호와께서 이 말을 들으셨더라

3절 이 사람 모세는 ○○○이 지면의 모든 사람보다 더하더라

4절 여호와께서 갑자기 모세와 아론과 미리암에게 이르시되 너희 세 사람은 회막으로 나아오라 하시니 그 세 사람이 나아가매

5절 여호와께서 구름 기둥 가운데로부터 강림하사 장막 문에 서시고 아론과 미리암을 부르시는지라 그 두 사람이 나아가매

6절 이르시되 내 말을 들으라 너희 중에 선지자가 있으면 나 여호와가 ○○으로 나를 그에게 알리기도 하고 꿈으로 그와 말하기도 하거니와

7절 내 종 모세와는 그렇지 아니하니 그는 내 온 집에 ○○○이라

8절 그와는 내가 ○○하여 명백히 말하고 은밀한 말로 하지 아니하며 그는 또 여호와의 형상을 보거늘 너희가 어찌하여 내 종 모세 비방하기를 두려워하지 아니하느냐

1. 모세의 형인 아론과 누이인 미리암은 왜 모세를 비방했나요? (1~2절)

2. 성경에는 모세의 성품이 어떻다고 기록되었나요? (3절)

3. 하나님은 모세를 비방한 미리암과 아론에게 어떤 말씀을 주셨나요? (6~8절)

# VALUE 진짜 표지판

다음 그림 중 진짜 표지판은 어떤 것일까요? 그 표지판은 무엇을 알려 주는지 알아 볼까요?

**진짜와 가짜를 구분하는 가장 중요한 요소는 무엇일까요?**

**하나님의 권위에 순종하려면 오늘 나는 무엇을 해야 할까요? 함께 나누어 보세요.**

## ENJOY MY STORY

시편에는 하나님의 권위를 노래하는 찬양이 가득해요.
매일 시편 말씀을 읽고 가장 인상 깊은 말씀 구절을 적어 보세요.

| | 읽을 말씀 | 가장 인상 깊은 말씀 |
|---|---|---|
| 월 | 시편 8편 | |
| 화 | 시편 19편 | |
| 수 | 시편 23편 | |
| 목 | 시편 24편 | |
| 금 | 시편 29편 | |
| 토 | 시편 46편 | |

식탁 교제! 일기를 쓰세요.

년 월 일 시간 함께한 사람 장소

기억하고 싶은 것을 기록해 보세요.

chapter 1

# 3과 두려움 없이 하나님을 따라가요

**읽을 말씀**

민수기 14:1~10

**핵심 포인트**

두려워하지 말고 따르라.

**외울 말씀**

그들의 보호자는 그들에게서 떠났고 여호와는 우리와 함께 하시느니라 그들을 두려워하지 말라 하나 민 14:9b

## WELCOME 공포증

영화 "캐리비안의 해적"으로 유명한 조니 뎁은 광대 공포증이 있어요. 그는 광대를 보면 얼굴에는 미소가 있지만 언제 자신을 공격할지 알 수가 없어서 무서웠다고 해요. 영화 "스파이더맨"에서 세 번이나 주인공을 연기한 토비 맥과이어는 고소 공포증이 있어서 높은 곳에 있는 것을 무서워한답니다. 혹시 여러분도 무서워하는 것이 있나요? 어떤 것을 무서워하는지 함께 나누어 볼까요?

**내가 무서워하는 것**

## ADVENTURE

성경에서 민수기 14장 1~10절을 찾아 빈칸을 채우고 질문에 답하세요.

1절 온 회중이 소리를 높여 부르짖으며 백성이 밤새도록 ○○ 하였더라

2절 이스라엘 자손이 다 모세와 아론을 원망하며 온 회중이 그들에게 이르되 우리가 애굽 땅에서 죽었거나 이 광야에서 죽었으면 좋았을 것을

3절 어찌하여 여호와가 우리를 그 땅으로 인도하여 칼에 쓰러지게 하려 하는가 우리 처자가 사로잡히리니 애굽으로 돌아가는 것이 낫지 아니하랴

4절 이에 서로 말하되 우리가 한 지휘관을 세우고 애굽으로 돌아가자 하매

5절 모세와 아론이 이스라엘 자손의 온 회중 앞에서 엎드린지라

6절 그 땅을 ○○ 한 자 중 눈의 아들 여호수아와 … 갈렙이 자기들의 옷을 찢고

7절 이스라엘 자손의 온 회중에게 말하여 이르되 우리가 두루 다니며 정탐한 땅은 심히 ○○○○ 땅이라

8절 여호와께서 우리를 기뻐하시면 우리를 그 땅으로 ○○ 하여 들이시고 그 땅을 우리에게 주시리라 이는 과연 젖과 꿀이 흐르는 땅이니라

9절 다만 여호와를 거역하지는 말라 또 그 땅 백성을 두려워하지 말라 그들은 우리의 먹이라 그들의 보호자는 그들에게서 떠났고 ○○○ 는 우리와 함께 하시느니라 그들을 ○○○○○ 말라 하나

10절 온 회중이 그들을 돌로 치려 하는데 그 때에 여호와의 영광이 회막에서 이스라엘 모든 자손에게 나타나시니라

1. 이스라엘 백성들이 모세와 아론을 원망하며 한 말은 무엇인가요? (1~4절)

2. 여호수아와 갈렙은 이스라엘 백성들에게 어떤 말로 반박했나요? (7~9절)

3. 여호수아와 갈렙이 이스라엘 백성들과 달리 가나안을 두려워하지 않은 이유는 무엇인가요? (9절)

## VALUE 장애를 딛고 서다!

닉 부이치치라는 사람에 대해 들어 봤나요? 장애를 갖고 태어난 닉은 장애를 극복합니다. 영상을 보고 닉이 어떻게 그 장애를 극복했는지 이야기해 보세요. 그리고 내 안에 있는 두려움은 무엇이며, 그것을 이겨 내려면 어떻게 해야 할지 친구들과 함께 나눠 보세요.

"최고의 장애는 당신 안에 있는 두려움입니다." - 닉 부이치치

## ENJOY MY STORY

여러분은 무엇이 두려운가요? 나를 두렵게 하는 것들을 적어 보고
이 두려움을 이기게 해 달라고 하나님께 기도해 보세요.

| | 나를 두렵게 하는 것들 | 하나님께 두려움을 이기게 해 달라고 기도해 보세요. |
|---|---|---|
| 월 | | |
| 화 | | |
| 수 | | |
| 목 | | |
| 금 | | |
| 토 | | |

식탁 교제! 일기를 쓰세요.

년 월 일 시간 함께한 사람 장소

기억하고 싶은 것을 기록해 보세요.

chapter 1

# 4과 겸손하게 말씀에 순종해요

**읽을 말씀**

민수기 16:25~35

**핵심 포인트**

겸손하게 따르라.

**외울 말씀**

그런즉 네 하나님 여호와를 사랑하여 그가
주신 책무와 법도와 규례와 명령을 항상
지키라 신 11:1

## WELCOME 나의 꿈

나는 미래에 어떤 사람이 되고 싶은지
적고 친구들과 함께 나눠 보세요.

ADVENTURE

성경에서 민수기 16장 25~33절을 찾아 빈칸을 채우고 질문에 답하세요.

25절 모세가 일어나 다단과 아비람에게로 가니 이스라엘 장로들이 따랐더라
26절 모세가 회중에게 말하여 이르되 이 악인들의 장막에서 떠나고 그들의 물건은 아무 것도
만지지 말라 그들의 모든 죄중에서 너희도 ( )( ) 할까 두려워하노라 하매
27절 무리가 고라와 다단과 아비람의 장막 사방을 떠나고 다단과 아비람은 그들의 처자와 유
아들과 함께 나와서 자기 장막 문에 선지라
28절 모세가 이르되 여호와께서 나를 보내사 이 모든 일을 행하게 하신 것이요 나의 임의로 함
이 아닌 줄을 이 일로 말미암아 알리라
29절 곧 이 사람들의 죽음이 모든 사람과 같고 그들이 당하는 벌이 모든 사람이 당하는 벌과
같으면 여호와께서 나를 ( )( )( ) 이 아니거니와
30절 만일 여호와께서 새 일을 행하사 땅이 입을 열어 이 사람들과 그들의 모든 소유물을 삼켜
산 채로 스올에 빠지게 하시면 이 사람들이 과연 여호와를 ( )( ) 한 것인 줄을 너희
가 알리라
31절 그가 이 모든 말을 마치자마자 그들이 섰던 땅바닥이 갈라지니라
32절 ( ) 이 그 입을 열어 … 고라에게 속한 모든 사람과 그들의 재물을 삼키매
33절 그들과 그의 모든 재물이 산 채로 스올에 빠지며 땅이 그 위에 덮이니 그들이 회중 가운
데서 망하니라

1. 모세는 "이 일"을 통해 이스라엘 백성들에게 무엇을 알리려고 했나요? (28절)

2. 모세는 고라와 그 일당에게 무슨 일이 벌어질 것이라고 말했나요? (30절)

3. 모세가 말을 마치자 무슨 일이 일어났나요? (31~33절)

## VALUE 겸손의 비밀

겸손은 내 생각을 내려놓고 하나님을 믿고 하나님의 말씀을 따르는 거예요. 성경에는 겸손의 비밀을 알려 주는 말씀이 많이 담겨 있어요. 아래 섞여 있는 단어를 바른 순서대로 배열해서 겸손과 관련한 말씀을 찾아 아래 빈칸에 적고 다음 질문에 답해 보세요. 총 세 번의 선생님 찬스를 잘 활용해 보세요.

| 모든 | 너희는 | 분노의 | 여호와의 | 혹시 | 너희가 | 겸손한 | 2장 |
|---|---|---|---|---|---|---|---|
| 규례를 | 날에 | 세상의 | 공의와 | 자들아 | 얻으리라 | 스바냐 | 지키는 |
| 겸손을 | 여호와를 | 여호와의 | 찾으며 | 숨김을 | 구하라 | 3절 | 말씀 |

1) 겸손한 사람은 어떤 사람인가요?

2) 겸손한 사람은 무엇을 하나요?

3) 겸손한 사람이 얻게 되는 유익은 무엇인가요?

4) 하나님이 보시기에 겸손하지 못한 우리의 모습에는 무엇이 있나요? 하나님께 겸손을 구하는 기도를 해 보세요.

## ENJOY MY STORY

지혜의 책인 잠언이 알려 주는 겸손의 비밀을 찾아볼까요?
하루에 한 장 잠언 말씀을 읽고 겸손이 나오는 한 구절을 적어 보세요.

| | 읽을 말씀 | 겸손이 들어간 말씀 |
|---|---|---|
| 월 | 잠언 3장 | |
| 화 | 잠언 11장 | |
| 수 | 잠언 15장 | |
| 목 | 잠언 18장 | |
| 금 | 잠언 22장 | |
| 토 | 잠언 29장 | |

식탁 교제! 일기를 쓰세요.

년 월 일 시간 함께한 사람 장소

기억하고 싶은 것을 기록해 보세요.

chapter 1

# 5과 말씀을 믿고 따라요

**읽을 말씀**

민수기 21:1~20

**핵심 포인트**

믿음으로 따르라.

**외울 말씀**

여호와께서 모세에게 이르시되 불뱀을 만들어 장대 위에 매달아라 물린 자마다 그것을 보면 살리라 민 21:8

## WELCOME 이순신 장군과 함께라면!

이순신 장군은 무패의 장군으로 유명합니다. 함선의 숫자나 인원이 턱없이 열세에 몰려서 질 수밖에 없는 상황에서도 전투를 승리로 이끌었습니다. 이순신 장군의 전투 결과를 볼까요?

| | 조선 수군 | | 일본 수군 | |
|---|---|---|---|---|
| | 인명 피해 | 함선 피해 | 인명 피해 | 함선 피해 |
| 1차 출전 | 부상 1명 | 0 | 사망 7,400명 | 격침 42척 |
| 2차 출전 | 사망 11명 | 0 | 사망 8,600명 | 격침 63척 |
| 3차 출전 | 사망 19명 | 0 | 사망 12,900명 | 격침 101척 |
| ⋮ | ⋮ | ⋮ | ⋮ | ⋮ |
| 총 11차 출전 | 사망 200여 명 | 0 | 사망 75,000~92,000명 | 격침 773척 |

이렇게 뛰어난 이순신 장군이 이끄는 전투에 내가 참전했다고 생각해 보세요. 나는 어떤 마음으로 전쟁에 임해야 할까요? 친구들과 함께 생각을 나누어 보세요.

## ADVENTURE

성경에서 민수기 21장 4~9절을 찾아 빈칸을 채우고 질문에 답하세요.

4절 백성이 호르 산에서 출발하여 홍해 길을 따라 에돔 땅을 우회하려 하였다가 길로 말미암아 백성의 마음이 상하니라

5절 백성이 하나님과 모세를 향하여 ( )( ) 하되 어찌하여 우리를 애굽에서 인도해 내어 이 광야에서 죽게 하는가 이 곳에는 먹을 것도 없고 물도 없도다 우리 마음이 이 하찮은 음식을 싫어하노라 하매

6절 여호와께서 ( )( ) 들을 백성 중에 보내어 백성을 물게 하시므로 이스라엘 백성 중에 죽은 자가 많은지라

7절 백성이 모세에게 이르러 말하되 우리가 여호와와 당신을 향하여 ( )( )( ) 으로 범죄하였사오니 여호와께 기도하여 이 뱀들을 우리에게서 떠나게 하소서 모세가 백성을 위하여 기도하매

8절 여호와께서 모세에게 이르시되 불뱀을 만들어 장대 위에 매달아라 물린 자마다 그것을 보면 ( )( )( )

9절 모세가 놋뱀을 만들어 장대 위에 다니 뱀에게 물린 자가 ( )( ) 을 쳐다본즉 모두 살더라

1. 하나님은 원망하는 이스라엘 백성들에게 어떻게 하셨나요? (6절)

2. 이스라엘 백성들은 모세에게 와서 무슨 말을 했나요? (7절)

3. 하나님은 불뱀에 물린 사람들이 어떻게 하면 살게 될 것이라고 말씀하셨나요? (8절)

# VALUE 믿고 따라가요

믿음으로 하나님을 따르는 것은 결코 쉬운 일이 아니에요. 하지만 하나님은 신실하신 분이기에 우리가 믿을 때 가장 좋은 길로 우리를 인도해 주세요. '믿고 따라가요' 게임을 하면서 말씀을 따라가는 연습을 해 볼까요?

## 게임 방법

1. 두 명이 한 팀이 됩니다.
2. 한 명은 안대로 두 눈을 가린 채로 펜을 시작점에 놓고, 다른 한 명은 말할 준비를 합니다.
3. 활동이 시작되면, 눈을 가린 친구에게 말로만 길을 알려 줍니다.
4. 미션 위치에 도달하면 성공입니다.
5. 팀별 도달 시간이 가장 짧은 팀이 이깁니다.

## 도착점까지 무사히 가는 데 가장 중요한 것은 무엇이었나요?

# ENJOY MY STORY

매일 말씀 순종 점수를 적어 볼까요?
그리고 그다음 날 더 잘 순종할 수 있도록 하나님께 기도해요.

| | 말씀 순종 점수 | | | | | 기도 내용 |
|---|---|---|---|---|---|---|
| 월 | 1 | 2 | 3 | 4 | 5 | |
| 화 | 1 | 2 | 3 | 4 | 5 | |
| 수 | 1 | 2 | 3 | 4 | 5 | |
| 목 | 1 | 2 | 3 | 4 | 5 | |
| 금 | 1 | 2 | 3 | 4 | 5 | |
| 토 | 1 | 2 | 3 | 4 | 5 | |

식탁 교제! 일기를 쓰세요.

년 월 일 시간 함께한 사람 장소

기억하고 싶은 것을 기록해 보세요.

chapter

# 2 성취

1과 일을 이루시는 하나님을 알아요

2과 일을 이루시는 하나님을 믿어요

3과 하나님과의 약속을 지키며 살아요

4과 구원자이신 예수님께 감사해요

ACHIEVEMENT

## 주제 설명

사람들은 수많은 목표를 세우고 그 목표를 이루려고 노력하면서 살아갑니다. 하지만 아무리 노력해도 목표에 도달하지 못하는 경우도 많습니다. 이때 사람들은 대부분 실망감을 느끼게 됩니다. 그런데 자신이 세운 목표를 하나도 빠짐없이 항상 성취하는 사람이 있다면, 사람들은 그를 절대적으로 신뢰할 것입니다. 그가 지금은 그 목표에 집중하지 않는 것처럼 보이더라도 언젠가 그 목표를 달성한 것을 보게 될 것입니다. 성경 속에서 만나는 하나님이 바로 그런 분이십니다. 그분은 자신이 세운 목표를 반드시 성취하시는 분입니다. 이 사실은 우리에게 큰 위로와 기쁨이 됩니다. 우리는 하나님의 성취하심에 어떤 반응을 보여야 할까요? 2장에서는 이 질문의 답을 함께 찾아보도록 하겠습니다.

chapter 2

# 1과 일을 이루시는 하나님을 알아요

**읽을 말씀**

민수기 22:21~35

**핵심 포인트**

성취하시는 하나님을 알라.

**외울 말씀**

여호와의 말씀이니라 보라 내가 이스라엘 집과 유다 집에 대하여 일러 준 선한 말을 성취할 날이 이르리라 렘 33:14

## WELCOME

### '셰르파'가 누구인가요?

세계에서 가장 높은 에베레스트산은 등산 전문가 중에서도 아주 소수의 사람만 등반에 성공합니다. 하지만 셰르파의 도움이 없이는 그 누구도 에베레스트산을 제대로 등정할 수 없다고 합니다. 그 이유는 무엇일까요?

## ADVENTURE

성경에서 민수기 22장 25~35절을 찾아 빈칸을 채우고 질문에 답하세요.

25절 나귀가 여호와의 사자를 보고 … 발람의 발을 그 담에 짓누르매 발람이 다시 채찍질하니

26절 여호와의 사자가 더 나아가서 좌우로 피할 데 없는 좁은 곳에 선지라

27절 나귀가 여호와의 사자를 보고 발람 밑에 엎드리니 발람이 노하여 자기 지팡이로 나귀를 때리는지라

28절 여호와께서 나귀 ○○ ○○○ 발람에게 이르되 내가 당신에게 무엇을 하였기에 나를 이같이 세 번을 때리느냐

29절 발람이 나귀에게 말하되 네가 나를 ○○○○ 때문이니 내 손에 칼이 있었더면 곧 너를 죽였으리라

30절 나귀가 발람에게 이르되 나는 당신이 오늘까지 당신의 일생 동안 탄 나귀가 아니냐 내가 언제 당신에게 이같이 하는 버릇이 있었더냐 그가 말하되 없었느니라

31절 그 때에 여호와께서 발람의 눈을 밝히시매 여호와의 ○○가 손에 칼을 빼들고 길에 선 것을 그가 보고 머리를 숙이고 엎드리니

32절 여호와의 사자가 그에게 이르되 너는 어찌하여 네 나귀를 이같이 세 번 때렸느냐 보라 내 앞에서 네 길이 ○○ 하므로 내가 너를 막으려고 나왔더니

33절 나귀가 나를 보고 이같이 세 번을 돌이켜 내 앞에서 피하였느니라 나귀가 만일 돌이켜 나를 피하지 아니하였더면 내가 벌써 너를 ○○○ 나귀는 살렸으리라

34절 발람이 여호와의 사자에게 말하되 내가 범죄하였나이다 당신이 나를 막으려고 길에 서신 줄을 내가 알지 못하였나이다 당신이 이를 ○○○○ 아니하시면 나는 돌아가겠나이다

35절 여호와의 사자가 발람에게 이르되 그 사람들과 함께 가라 내가 네게 이르는 말만 말할지니라 발람이 발락의 고관들과 함께 가니라

1. 나귀는 길을 가다가 왜 멈추었나요? (25~27절)

2. 하나님이 사자를 보내셔서 발람의 길을 방해하신 이유는 무엇인가요? (32절)

3. 하나님이 기뻐하지 않으신다면 돌아가겠다는 발람에게 여호와의 사자는 무엇이라고 말했나요? (35절)

## VALUE 건물을 지을 때 가장 중요한 것

영상을 보고 건물이 어떻게 지어지는지 친구들과 함께 나눠 보세요. 건물을 지을 때 가장 중요한 것은 무엇인가요?

우리도 이 건물과 같습니다.

하나님이 어떻게 우리를 만들어 가시기 원하는지 함께 나누어 볼까요?

## ENJOY MY STORY

하나님이 나를 통해 이루어 가실 일을 적어 보고
그 일이 성취되길 소망하는 기도문을 작성해 보세요.

| | 하나님이 나를 통해 이루어 가실 일 | 기도문 |
|---|---|---|
| 월 | | |
| 화 | | |
| 수 | | |
| 목 | | |
| 금 | | |
| 토 | | |
| 예 | 하나님의 복을 나눠 주어 사람들을 행복하게 하는 일(창 12:1) | 하나님의 뜻이 성취되길 원해요. |

식탁 교제! 일기를 쓰세요.

년 월 일 시간 함께한 사람 장소

기억하고 싶은 것을 기록해 보세요.

chapter 2

# 2과 일을 이루시는 하나님을 믿어요

**읽을 말씀**

민수기 27:12~23

**핵심 포인트**

성취하시는 하나님을 신뢰하라.

**외울 말씀**

그로 그들 앞에 출입하며 그들을 인도하여
출입하게 하사 여호와의 회중이 목자 없는
양과 같이 되지 않게 하옵소서 민 27:17

## WELCOME 신뢰 게임

여러분은 친구나 선생님을 얼마나 믿나요? 친구들과 함께 '신뢰 게임'을 해 보세요.

## ADVENTURE

성경에서 민수기 27장 15~23절을 찾아 빈칸을 채우고 질문에 답하세요.

15절 모세가 여호와께 여짜와 이르되

16절 여호와, 모든 육체의 생명의 하나님이시여 원하건대 한 사람을 이 회중 위에 세워서

17절 그로 그들 앞에 출입하며 그들을 ○○○○ 출입하게 하사 여호와의 회중이 ○○ 없는 양과 같이 되지 않게 하옵소서

18절 여호와께서 모세에게 이르시되 눈의 아들 ○○○○는 그 안에 영이 머무는 자니 너는 데려다가 그에게 안수하고

19절 그를 제사장 엘르아살과 온 회중 앞에 세우고 그들의 목전에서 그에게 위탁하여

20절 네 존귀를 그에게 돌려 이스라엘 자손의 온 회중을 그에게 복종하게 하라

21절 그는 제사장 엘르아살 앞에 설 것이요 엘르아살은 그를 위하여 우림의 판결로써 여호와 앞에 물을 것이며 그와 온 이스라엘 자손 곧 온 회중은 엘르아살의 말을 따라 나가며 들어올 것이니라

22절 모세가 여호와께서 자기에게 ○○하신 대로 하여 여호수아를 데려다가 제사장 엘르아살과 온 회중 앞에 세우고

23절 그에게 ○○○○ 위탁하되 여호와께서 모세에게 명령하신 대로 하였더라

1. 모세는 하나님께 무엇을 구했으며 그것을 구한 이유는 무엇이었나요? (16~17절)

2. 여호수아가 하나님께 선택받은 이유는 무엇인가요? (18절)

3. 하나님은 이스라엘 백성을 위해 모세의 뒤를 이을 사람으로 여호수아를 세우셨습니다. 이를 볼 때, 하나님은 어떤 분이신가요?

## VALUE 조지 뮬러의 비밀

조지 뮬러라는 사람에 대해 들어본 적이 있나요?
다음 영상을 보고 질문에 여러분의 생각을
간단하게 적어 보세요.

1) 조지 뮬러는 어린 시절에 어떤 삶을 살았나요?

2) 조지 뮬러는 하나님을 만나고 변화된 후에 어떤 사역을 시작했나요?

3) 하나님의 일을 하면서 그는 하나님께 몇 번이나 응답을 받았나요?

4) 조지 뮬러가 하나님께 그렇게 많은 응답을 받은 이유는 무엇인가요?

5) 조지 뮬러가 한 이 말을 여러분은 어떻게 생각하나요?

"믿음은 가능성의 영역에서는 작동하지 않는다. 인간적으로 가능한 일에서는 하나님이 영광받으시지 않는다. 믿음은 사람의 능력이 끝나는 곳에서 시작된다." _ 조지 뮬러(영국 브리스틀 고아원 원장, 1805-1898)

## ENJOY MY STORY

이번 일주일 동안 날마다 하나님을 믿고 의지한 경험을 적어 보세요.

| | 하나님을 믿고 의지한 경험 |
|---|---|
| 월 | |
| 화 | |
| 수 | |
| 목 | |
| 금 | |
| 토 | |

식탁 교제! 일기를 쓰세요.

년 월 일 시간 함께한 사람 장소

기억하고 싶은 것을 기록해 보세요.

chapter 2

# 3과 하나님과의 약속을 지키며 살아요

**읽을 말씀**

민수기 30:1~16

**핵심 포인트**

성취하시는 하나님을 기대하라.

**외울 말씀**

사람이 여호와께 서원하였거나 결심하고
서약하였으면 깨뜨리지 말고 그가 입으로
말한 대로 다 이행할 것이니라 민 30:2

## WELCOME 어떤 그림일까요?

물건 한 가지를 정해서 한 사람씩 돌아가며 일부를 그립니다. 술래는 마지막 사람이 그린 그림을 보고 그 그림이 어떤 그림인지 알아맞힙니다. 한 사람씩 그림을 그릴 때마다, 어떤 그림을 그리는지 기대해 보세요.

## ADVENTURE

성경에서 민수기 30장 1~5, 10~14절을 찾아 빈칸을 채우고 질문에 답하세요.

1절 모세가 이스라엘 자손 지파의 수령들에게 말하여 이르되 여호와의 ○○이 이러하니라
2절 사람이 여호와께 ○○ 하였거나 결심하고 ○○ 하였으면 깨뜨리지 말고 그
가 입으로 말한 대로 다 이행할 것이니라
3절 또 여자가 만일 어려서 그 아버지 집에 있을 때에 여호와께 서원한 일이나 스스로 결심하
려고 한 일이 있다고 하자
4절 그의 아버지가 그의 서원이나 그가 결심한 서약을 듣고도 그에게 아무 말이 없으면 그의
모든 서원을 행할 것이요 그가 결심한 서약을 지킬 것이니라
5절 그러나 그의 아버지가 그것을 듣는 날에 허락하지 아니하면 그의 서원과 결심한 서약을
이루지 못할 것이니 그의 아버지가 허락하지 아니하였은즉 여호와께서 ○○○
○○

⋮

10절 부녀가 혹시 그의 남편의 집에서 서원을 하였다든지 결심하고 서약을 하였다 하자
11절 그의 남편이 그것을 듣고도 아무 말이 없고 금하지 않으면 그 서원은 다 이행할 것이요 그
가 ○○○ 서약은 다 지킬 것이니라
12절 그러나 그의 남편이 그것을 듣는 날에 ○○○○ 하면 그 서원과 결심한 일
에 대하여 입술로 말한 것을 아무것도 이루지 못하나니 그의 남편이 그것을 무효하게 하
였은즉 여호와께서 그 부녀를 사하시느니라
13절 모든 서원과 마음을 자제하기로 한 모든 서약은 그의 남편이 그것을 지키게도 할 수 있고
무효하게도 할 수 있으니
14절 그의 남편이 여러 날이 지나도록 말이 없으면 아내의 서원과 스스로 결심한 일을 지키게
하는 것이니 이는 그가 그것을 들을 때에 그의 아내에게 아무 말도 아니하였으므로 지키
게 됨이니라

1. 위의 본문에서 서원, 서약, 결심이라는 단어를 찾아 동그라미 치세요.

2. 위의 말씀은 누가 누구에게 전하는 말인가요? (1절)

3. 하나님께 약속했으면 그 약속을 어떻게 하라고 성경은 이야기하나요? (2절)

## VALUE 하나님 앞에서 결심해요!

하나님을 사랑한다면 하나님을 기쁘시게 하는 행동을 하겠다고 결심해야 해요. 그리고 그것을 실천하려고 노력해야 해요. 가정과 교회, 학교, 학원에서 하나님을 기쁘시게 할 구체적인 행동을 적어 보세요.

## ENJOY MY STORY

Value에서 적은 결단을 하루에 한 가지씩 실천하고
소감을 적어 보세요.

하나님 앞에서 결단하고 실천한 소감

월

화

수

목

금

토

식탁 교제! 일기를 쓰세요.

년 월 일 시간 함께한 사람 장소

기억하고 싶은 것을 기록해 보세요.

chapter 2

# 4과 구원자이신 예수님께 감사해요

**읽을 말씀**

민수기 35:9~21

**핵심 포인트**

성취하시는 하나님께 감사하라.

**외울 말씀**

너의 행사를 여호와께 맡기라 그리하면 네가
경영하는 것이 이루어지리라 잠 16:3

## WELCOME 꼭 필요한 것!

다음 그림 속 주인공들에게 꼭! 필요한 것이 있어요. 그것이 무엇인지 각 그림 옆에 그려 볼까요?

# ADVENTURE

성경에서 민수기 35장 9~15절을 찾아 빈칸을 채우고 질문에 답하세요.

9절 여호와께서 또 모세에게 말씀하여 이르시되

10절 이스라엘 자손에게 말하여 그들에게 이르라 너희가 요단 강을 건너 ○○○ 땅
에 들어가거든

11절 너희를 위하여 성읍을 ○○○으로 정하여 부지중에 살인한 자가 그리로 피하
게 하라

12절 이는 너희가 복수할 자에게서 도피하는 성을 삼아 살인자가 회중 앞에 서서 판결을 받기
까지 ○○ ○○ 하기 위함이니라

13절 너희가 줄 성읍 중에 여섯을 도피성이 되게 하되

14절 세 성읍은 요단 이쪽에 두고 세 성읍은 가나안 땅에 두어 도피성이 되게 하라

15절 이 여섯 성읍은 이스라엘 자손과 타국인과 이스라엘 중에 거류하는 자의 도피성이 되리
니 부지중에 살인한 ○○ ○○ 그리로 도피할 수 있으리라

1. 하나님은 요단강을 건너 가나안 땅에 들어가면 무엇을 정하라고 하셨나요? (11절)

2. 하나님은 왜 그것(1번 질문의 답)을 정하라고 하셨나요? (11~12절)

3. 도피성에는 어떤 사람이 들어갈 수 있나요? (15절)

## VALUE 예수님께 '감사 편지' 쓰기

도피성으로 도망갈 수밖에 없던 사람들과 지금의 우리에게는 공통점과 차이점이 있어요. 무엇이 비슷하고 무엇이 다른지 한번 적어 볼까요?

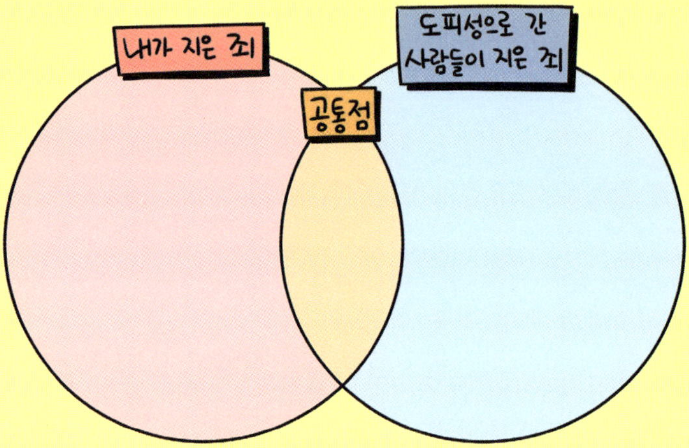


**보기**

거짓말, 질투, 미움, 살인, 다툼, 불순종, 죄인, 하나님께 은혜받음

우리의 모습을 깨닫고 우리를 구원해 주신 예수님께 감사하는 마음으로 편지를 적어 볼까요?

## ENJOY MY STORY

우리는 예수님의 보호를 받습니다.
날마다 예수님께 감사하는 기도 제목을 적고, 하나님께 기도해 보세요.

감사 기도 제목

| | |
|---|---|
| 월 | |
| 화 | |
| 수 | |
| 목 | |
| 금 | |
| 토 | |

식탁 교제! 일기를 쓰세요.

년 월 일 시간 함께한 사람 장소

기억하고 싶은 것을 기록해 보세요.

chapter

# 3 위로

1과 위로의 약속이 있어요

2과 하나님의 사랑으로 위로해요

3과 진실한 섬김으로 위로해요

4과 서로 세워 주고, 서로 위로해요

COMFORT

## 주제 설명

위로는 공감에서 시작됩니다. 큰 고통을 겪어 봐서 잘 아는 사람은 고통받는 사람에게 공감하기 때문에 참된 위로를 줄 수 있습니다. 한편, 고통스러운 경험은 없어도 그를 진심으로 사랑한다면 진정으로 공감할 수 있습니다.

하나님은 우리의 어려움과 고통에 깊이 공감하시고 우리를 위로하십니다. 그 어려움과 고통을 다 아시고, 우리를 진심으로 사랑하시기 때문에 참된 위로를 주십니다. 하나님은 우리를 그분의 형상대로 창조하셨습니다. 또한, 우리를 위해 십자가에서 큰 고통을 당하셨습니다. 그래서 하나님은 우리와 우리의 고통을 잘 아십니다. 그리고 우리를 완전한 사랑으로 사랑하십니다. 3장에서는 하나님이 우리에게 주시는 참된 사랑의 위로를 함께 알아보도록 하겠습니다.

chapter 3

# 1과 위로의 약속이 있어요

**읽을 말씀**

베드로후서 3:1~10

**핵심 포인트**

하나님의 약속으로 위로하라.

**외울 말씀**

오직 주께서는 너희를 대하여 오래 참으사
아무도 멸망하지 아니하고 다 회개하기에
이르기를 원하시느니라 벧후 3:9b

## WELCOME 개미와 베짱이

'개미와 베짱이' 이야기에서 일은 안 하고 놀기만 하는 베짱이를 보고도 개미가 참고 열심히 일한 이유는 무엇인가요? 여러분도 하고 싶은 일을 참아 본 적이 있나요? 왜 참았는지 생각해 보고 친구들과 함께 나눠 보세요.

## ADVENTURE

성경에서 베드로후서 3장 1~5, 7~10절을 찾아 빈칸을 채우고 질문에 답하세요.

1절 사랑하는 자들아 내가 이제 이 둘째 편지를 너희에게 쓰노니 이 두 편지로 너희의 진실한
마음을 일깨워 생각나게 하여
2절 곧 거룩한 선지자들이 예언한 ○○과 주 되신 구주께서 너희의 사도들로 말미암
아 명하신 것을 기억하게 하려 하노라
3절 먼저 이것을 알지니 말세에 조롱하는 자들이 와서 자기의 정욕을 따라 행하며 조롱하여
4절 이르되 주께서 ○○하신다는 약속이 어디 있느냐 조상들이 잔 후로부터 만물이
처음 창조될 때와 같이 그냥 있다 하니
5절 이는 하늘이 옛적부터 있는 것과 땅이 물에서 나와 물로 성립된 것도 하나님의 말씀으로
⋮ 된 것을 그들이 일부러 잊으려 함이로다
7절 이제 하늘과 땅은 그 동일한 말씀으로 불사르기 위하여 보호하신 바 되어 경건하지 아니
한 사람들의 심판과 멸망의 날까지 ○○하여 두신 것이니라
8절 사랑하는 자들아 주께는 하루가 천 년 같고 천 년이 하루 같다는 이 한 가지를 잊지 말라
9절 주의 약속은 어떤 이들이 더디다고 생각하는 것 같이 더딘 것이 아니라 오직 주께서는 너
희를 대하여 오래 참으사 아무도 멸망하지 아니하고 다 ○○하기에 이르기를 원하
시느니라
10절 그러나 주의 날이 ○○ 같이 오리니 그 날에는 하늘이 큰 소리로 떠나가고 물질이
뜨거운 불에 풀어지고 땅과 그 중에 있는 모든 일이 드러나리로다

1. 베드로가 이 두 번째 편지를 쓴 목적은 무엇인가요? (1~2절)

2. 거짓 선생들은 그리스도인들에게 무엇이라 조롱했나요? (3~4절)

3. 하나님이 세상을 심판하지 않으시고 오래 참으시는 이유는 무엇인가요? (9절)

## VALUE 위로의 약속이 있어요!

내가 하고 싶은 대로 하지 못해서 속상했던 적이 있나요? 아래 그림에 어울리는 성경 말씀을 <보기>에서 찾아 적고, 그 말씀이 어떻게 위로가 될지 친구들과 함께 나눠 보세요.

〈보기〉

자기의 육체를 위하여 심는 자는 육체로부터 썩어질 것을 거두고 성령을 위하여 심는 자는 성령으로부터 영생을 거두리라 (갈 6:8)

각각 그 마음에 정한 대로 할 것이요 인색함으로나 억지로 하지 말지니 하나님은 즐겨 내는 자를 사랑하시느니라 (고후 9:7)

그러므로 형제들아 내가 하나님의 모든 자비하심으로 너희를 권하노니 너희 몸을 하나님이 기뻐하시는 거룩한 산 제물로 드리라 이는 너희가 드릴 영적 예배니라 (롬 12:1)

# ENJOY MY STORY

지금 예수님이 다시 오셔서 내 삶에 점수를 주신다면 몇 점을 받을 것 같나요?
한 주간 내 생활을 돌아보며 점수를 매겨 보세요.

| 예수님 앞에서 내 모습은 몇 점? | 전혀 그렇지 않다 | | | | 매우 그렇다 |
|---|---|---|---|---|---|
| 1 하나님께 기쁜 마음으로 예배해요. | 1 | 2 | 3 | 4 | 5 |
| 2 매일 말씀을 읽고 기도해요. | 1 | 2 | 3 | 4 | 5 |
| 3 힘든 친구를 도와줘요. | 1 | 2 | 3 | 4 | 5 |
| 4 어른들의 말씀을 잘 듣고 순종해요. | 1 | 2 | 3 | 4 | 5 |
| 5 해야 할 일을 미루지 않아요. | 1 | 2 | 3 | 4 | 5 |
| 6 친구와 가족에게 복음을 전해요. | 1 | 2 | 3 | 4 | 5 |
| 7 모든 일에 감사해요. | 1 | 2 | 3 | 4 | 5 |
| 8 험담이나 다른 사람의 마음을 상하게 하는 말을 하지 않아요. | 1 | 2 | 3 | 4 | 5 |
| 총점 | | | | | |

식탁 교제! 일기를 쓰세요.

년 월 일 시간 함께한 사람 장소

기억하고 싶은 것을 기록해 보세요.

chapter 3

# 2과 하나님의 사랑으로 위로해요

**읽을 말씀**

고린도후서 1:23~2:11

**핵심 포인트**

하나님의 사랑으로 위로하라.

**외울 말씀**

그러므로 너희를 권하노니 사랑을 그들에게 나타내라 고후 2:8

## WELCOME 죄는 미워해도 사람은 미워하지 말라

"죄는 미워해도 사람은 미워하지 말라"는 말이 있어요. 영상에 나오는 이야기를 듣고, 여러분의 생각을 나눠 보세요. 죄는 미워해도 사람은 미워하지 않을 수 있을까요?

손양원 목사

손양원 목사 가족사진

# ADVENTURE

성경에서 고린도후서 2장 4~11절을 찾아 빈칸을 채우고 질문에 답하세요.

4절 내가 마음에 큰 눌림과 걱정이 있어 많은 눈물로 너희에게 썼노니 이는 너희로 근심하게 하려 한 것이 아니요 오직 내가 너희를 향하여 넘치는 사랑이 있음을 너희로 알게 하려 함이라

5절 ◯◯하게 한 자가 있었을지라도 나를 근심하게 한 것이 아니요 어느 정도 너희 모두를 근심하게 한 것이니 어느 정도라 함은 내가 너무 지나치게 말하지 아니하려 함이라

6절 이러한 사람은 많은 사람에게서 벌 받는 것이 마땅하도다

7절 그런즉 너희는 차라리 그를 ◯◯하고 ◯◯할 것이니 그가 너무 많은 근심에 잠길까 두려워하노라

8절 그러므로 너희를 권하노니 ◯◯을 그들에게 나타내라

9절 너희가 범사에 순종하는지 그 증거를 알고자 하여 내가 이것을 너희에게 썼노라

10절 너희가 무슨 일에든지 누구를 용서하면 나도 그리하고 내가 만일 용서한 일이 있으면 용서한 그것은 너희를 위하여 ◯◯◯◯ 앞에서 한 것이니

11절 이는 우리로 사탄에게 속지 않게 하려 함이라 우리는 그 계책을 알지 못하는 바가 아니로라

1. 바울은 고린도 교회 안에 어떤 사람이 있다고 말했나요? (5절)

2. 바울은 이 사람에게 어떻게 대하라고 권했나요? 왜 그렇게 하라고 했을까요? (7~8절)

3. 바울은 그리스도 앞에서 자신이 사람들을 용서한 이유가 무엇이라고 했나요? (10~11절)

## VALUE 용서를 받아 본 사람만이 진짜 용서할 수 있다

친구가 잘못을 하면 우리는 그 친구를 사랑 안에서 바로잡아 주고 용서해야 해요. 성경을 찾아 다음 구절을 완성하고, 아래와 같은 상황이 생겼을 때, 나는 어떻게 용서하고 격려할 수 있을지 적어 보세요.

만일 네 형제가 죄를 범하거든
ㄱㄱ하고 회개하거든 ㅇㅅ하라
(눅 17:3)

**1** 예배 시간에 친구가 스마트폰 게임을 하면서 예배를 방해해요.

**2** 친구가 나에게 욕을 했어요.

**3** 친구가 약한 친구를 괴롭혀요.

## ENJOY MY STORY

나를 괴롭히거나 힘들게 하는 사람이 있나요?
하나님께 그 사람을 용서해 주시고 바로잡아 달라고 기도하세요.

| | 용서할 사람 | 기도 내용 |
|---|---|---|
| 월 | | |
| 화 | | |
| 수 | | |
| 목 | | |
| 금 | | |
| 토 | | |

식탁 교제! 일기를 쓰세요.

년 월 일 시간 함께한 사람 장소

기억하고 싶은 것을 기록해 보세요.

chapter 3

# 3과 진실한 섬김으로 위로해요

**읽을 말씀**

고린도후서 8:1~15

**핵심 포인트**

진실한 섬김으로 위로하라.

**외울 말씀**

오직 너희는 믿음과 말과 지식과 모든 간절함과 우리를 사랑하는 이 모든 일에 풍성한 것 같이 이 은혜에도 풍성하게 할지니라 고후 8:7

## WELCOME 보이는 나눔, 행동하는 나눔

돈은 가지고 있을 때보다 나눌 때 더 가치가 있습니다. 가진 것(시간, 물질, 재능 등)을 다른 사람에게 나눈다는 것은 어떤 의미일까요? 영상을 함께 보고 느낀 점을 나눠 보세요.

ADVENTURE

성경에서 고린도후서 8장 1~5, 7~11절을 찾아 빈칸을 채우고 질문에 답하세요.

1절 형제들아 하나님께서 마게도냐 교회들에게 주신 은혜를 우리가 너희에게 알리노니

2절 환난의 많은 시련 가운데서 그들의 넘치는 ( )( )과 극심한 가난이 그들의 풍성한
연보를 넘치도록 하게 하였느니라

3절 내가 증언하노니 그들이 힘대로 할 뿐 아니라 힘에 지나도록 ( )( ) 하여

4절 이 은혜와 성도 ( )( )( ) 일에 참여함에 대하여 우리에게 간절히 구하니

5절 우리가 바라던 것뿐 아니라 그들이 먼저 자신을 주께 드리고 또 하나님의 뜻을 따라 우리
에게 주었도다

⋮

7절 오직 너희는 믿음과 말과 지식과 모든 간절함과 우리를 사랑하는 이 모든 일에 풍성한 것
같이 이 은혜에도 풍성하게 할지니라

8절 내가 명령으로 하는 말이 아니요 오직 다른 이들의 간절함을 가지고 너희의 ( )( )의
진실함을 증명하고자 함이로라

9절 우리 주 예수 그리스도의 은혜를 너희가 알거니와 부요하신 이로서 너희를 위하여 가난
하게 되심은 그의 가난함으로 말미암아 너희를 ( )( ) 하게 하려 하심이라

10절 이 일에 관하여 나의 뜻을 알리노니 이 일은 너희에게 유익함이라 너희가 일 년 전에 행
하기를 먼저 시작할 뿐 아니라 원하기도 하였은즉

11절 이제는 하던 일을 성취할지니 마음에 원하던 것과 같이 완성하되 있는 대로 하라

1. 극심한 가난에도 불구하고 마게도냐 교회는 무엇을 했나요? (1~2절)

2. 마게도냐 교회의 성도들은 어떤 태도로 연보를 했나요? (3, 5절)

3. 바울은 고린도 교회 성도들에게 누구의 본을 따라 섬기라고 요청했나요? (9절)

* 연보: 버릴 '연(捐)', 도울 '보(補)', 나의 것을 버려 다른 사람을 돕는다는 의미에요. 헌금은 이 연보의 개념에 포함돼요.

## VALUE 섬김 초대장

연보는 가난한 사람들을 돕는 하나님의 거룩한 일이에요. 하나님을 신뢰하는 사람만 참여할 수 있는 특권이에요.

1 마게도냐 교회의 성도들처럼 은혜를 받은 후, 다른 사람들을 도우려고 노력했던 적이 있나요? 함께 나누어 볼까요?

2 도움이 필요한 사람들에게 나의 자원(용돈, 시간, 재능)을 따로 떼어 나누어 주려면 어떻게 해야 할까요?

**배운 말씀을 깨닫고 변화된 모습을 그려 만화를 완성해 보세요.**

## ENJOY MY STORY

주변에서 내 도움이 필요한 사람을 찾아 보세요.
그 사람을 섬기기 위해 할 일을 적어 보세요.

| | 나의 섬김 | 평가하기 |
|---|---|---|
| 월 | | |
| 화 | | |
| 수 | | |
| 목 | | |
| 금 | | |
| 토 | | |
| 예 | 우울해하는 ○○에게 말 걸어 주기 | ○○의 기분이 좋아졌음 |

식탁 교제! 일기를 쓰세요.

년 월 일 시간 함께한 사람 장소

기억하고 싶은 것을 기록해 보세요.

chapter 3

# 4과 서로 세워 주고, 서로 위로해요

**읽을 말씀**

고린도후서 13:1~13

**핵심 포인트**

서로 위로하라.

**외울 말씀**

형제들아 기뻐하라 온전하게 되며 위로를 받으며 마음을 같이하며 평안할지어다 또 사랑과 평강의 하나님이 너희와 함께 계시리라 고후 13:11b

## WELCOME 넘어라 스무고개!

스무고개는 20개의 질문을 하며 상대편이 무엇을 생각하는지 맞혀 보는 게임이에요. 예리한 질문을 해야 상대편의 생각을 알 수 있답니다. 도전해 볼까요?

**게임 방법**

1. 인도자가 즉석에서 단어 하나를 생각합니다.
2. 단어를 종이에 적고, 뒤집어 놓습니다.
3. 총 20개까지 질문을 하며 답을 맞혀 봅니다.

## ADVENTURE

성경에서 고린도후서 13장 9~13절을 찾아 빈칸을 채우고 질문에 답하세요.

9절 우리가 약할 때에 너희가 강한 것을 기뻐하고 또 이것을 위하여 구하니 곧 너희가
( )( ) 하게 되는 것이라

10절 그러므로 내가 떠나 있을 때에 이렇게 쓰는 것은 대면할 때에 주께서 너희를 넘어뜨리려
하지 않고 세우려 하여 내게 주신 그 권한을 따라 엄하지 않게 하려 함이라

11절 마지막으로 말하노니 형제들아 기뻐하라 온전하게 되며 ( )( ) 를 받으며 마음을 같
이하며 ( )( ) 할지어다 또 사랑과 평강의 하나님이 너희와 함께 계시리라 거룩하게
입맞춤으로 서로 문안하라

12절 모든 성도가 너희에게 ( )( ) 하느니라

13절 주 예수 그리스도의 은혜와 하나님의 사랑과 ( )( ) 의 교통하심이 너희 무리와 함
께 있을지어다

1. 고린도 교회 성도들은 고린도 교회를 개척한 바울을 의심하고 공격했습니다. 그러나 바울은 고린도 교회 성도들에게 어떻게 하겠다고 말했나요? (10절)

2. 바울은 고린도 교회 성도들에게 어떻게 지내라고 권면했나요? (11절)

3. 바울은 두 번째 편지를 마무리하면서 고린도 교회 성도들에게 무엇이 함께 있기를 기원했나요? (13절)

# VALUE 격려 샤워

사람마다 생각하는 것이 달라서 교회에서도 모이면 서로 오해하고 부딪히기가 쉽습니다. 하지만 우리는 예수님 안에서 서로를 세워 줄 수 있습니다. 서로의 장점을 말해 주며 '격려 샤워'를 해 보세요.

〈준비물〉 좋아요 스티커, 하트 스티커, 스마일 스티커, 말풍선 스티커 또는 포스트잇, 펜

부록 130쪽

## 활동 방법

1. 인원수만큼 스티커와 포스트잇을 준비해 주세요.
2. 격려 스티커에 친구의 장점을 구체적으로 적어요.
   구체적인 칭찬은 세심하게 관찰해야 알 수 있어요.
   존재 자체를 칭찬하거나 격려해도 좋아요. (예: "네가 내 친구여서 감사해.")
3. 다 적었으면, 한 사람씩 정해진 순서에 따라 격려 스티커를 붙여 주세요.
4. 나에게 가장 큰 감동을 준 격려 한 가지를 선택하고, 그 이유를 말해 보세요.

* 활동하면서 칭찬받는 친구가 불편함이나 민망함을 느끼지 않도록 조심해요.

## ENJOY MY STORY

나와 생각이 달라서 친하게 지내기 어려운 친구가 있나요?
배운 말씀을 기억하며 그 친구에게 다가가 말을 걸어 볼까요?

| | 친구 이름 | 내가 친구에게 한 말 |
|---|---|---|
| 월 | | |
| 화 | | |
| 수 | | |
| 목 | | |
| 금 | | |
| 토 | | |

식탁 교제! 일기를 쓰세요.

년 월 일 시간 함께한 사람 장소

기억하고 싶은 것을 기록해 보세요.

chapter

# 4 인정

1과 생명을 주시는 예수님을 만나요

2과 하나님의 능력을 인정해요

3과 하나님의 권위를 인정해요

4과 하나님의 도우심을 인정해요

ACKNOWLEDGEMENT

## 주제 설명

어떤 친구가 축구를 잘한다는 이야기를 듣기만 해서는 그 친구의 축구 실력을 바로 인정하기가 쉽지 않습니다. 내가 직접 그 친구와 축구를 해 보거나 최소한 그 친구의 축구 경기를 관람해 봐야 친구의 실력을 평가할 수 있습니다. 하나님을 인정할 때도 마찬가지입니다. 하나님을 경험해서 알지 않는 이상 우리는 하나님을 제대로 인정할 수 없습니다. 듣기만 해서는, 머리로만 이해해서는 하나님이 어떤 분이실 거라고 추측만 할 수 있을 뿐입니다. 하나님을 정말 인정하려면 그분과 동행하면서 그분을 경험해 봐야 합니다. 그럴 때 비로소 우리는 하나님이 누구신지, 어떤 능력으로 우리와 함께하시는지를 알게 되고, 하나님을 인정할 수 있습니다. 4장에서는 하나님이 어떤 분으로 인정받으시는지, 우리가 하나님을 인정하려면 어떻게 해야 하는지 함께 알아보도록 하겠습니다.

chapter 4

# 1과 생명을 주시는 예수님을 만나요

**읽을 말씀**

마태복음 28:1~10

**핵심 포인트**

생명을 주시는 예수님을 인정하라.

**외울 말씀**

주는 그리스도시요 세상에 오시는 하나님의
아들이신 줄 내가 믿나이다 요 11:27b

## WELCOME 만약에 나라면?

내가 예수님이라면 부활한 후에 가장 먼저 어디를 찾아갈 것 같나요?

# ADVENTURE

성경에서 마태복음 28장 1~10절을 찾아 빈칸을 채우고 질문에 답하세요.

1절 안식일이 다 지나고 안식 후 첫날이 되려는 새벽에 막달라 마리아와 다른 마리아가 무덤을 보려고 갔더니

2절 큰 지진이 나며 주의 (　)(　) 가 하늘로부터 내려와 돌을 굴려 내고 그 위에 앉았는데

3절 그 형상이 번개 같고 그 옷은 눈 같이 희거늘

4절 지키던 자들이 그를 무서워하여 떨며 죽은 사람과 같이 되었더라

5절 천사가 여자들에게 말하여 이르되 너희는 무서워하지 말라 (　)(　)(　) 에 못 박히신 예수를 너희가 찾는 줄을 내가 아노라

6절 그가 여기 계시지 않고 그가 (　)(　) 하시던 대로 살아나셨느니라 와서 그가 누우셨던 곳을 보라

7절 또 빨리 가서 그의 제자들에게 이르되 그가 죽은 자 가운데서 살아나셨고 너희보다 먼저 갈릴리로 가시나니 거기서 너희가 뵈오리라 하라 보라 내가 너희에게 일렀느니라 하거늘

8절 … 무서움과 큰 기쁨으로 빨리 무덤을 떠나 (　)(　) 들에게 알리려고 달음질할새

9절 예수께서 그들을 만나 이르시되 평안하냐 하시거늘 여자들이 나아가 그 발을 붙잡고 경배하니

10절 이에 예수께서 이르시되 무서워하지 말라 가서 내 형제들에게 (　)(　)(　) 로 가라 하라 거기서 나를 보리라 하시니라

1. 여자들이 예수님의 무덤에 도착했을 때, 무덤에는 어떤 일이 일어났나요? (2~4절)

2. 천사가 여자들에게 지시한 일은 무엇인가요? (7절)

3. 천사가 한 말과 예수님이 하신 말씀에는 어떤 공통점이 있나요? (5~7, 10절)

# VALUE 예수님의 부활 소식을 들었어요!

예수님이 다시 살아나셨어요. 천사가 나타나 예수님이 다시 살아나셨다는 소식을 전해 주었어요. 부활의 소식을 들은 경비병들과 여자들은 각각 어떤 반응을 보였나요? 성경에서 찾아 아래 말씀을 완성하고, 경비병들과 여자들의 표정을 그려 보세요.

경비병들의 반응

지키던 자들이 그를 ㅁㅅㅇ하여 떨며
죽은 사람과 같이 되었더라
(마 28:4)

여자들의 반응

그 여자들이 무서움과 큰 ㄱㅃ으로
빨리 무덤을 떠나 제자들에게 알리려고 달음질할새
(마 28:8)

내가 예수님의 부활 소식을 들었다면 경비병과 여자 중 어떤 사람처럼 반응했을까요?

왜 그렇게 했을 것 같나요?

## ENJOY MY STORY

[보기]에 있는 두 단어를 이용해서
매일 예수님이 부활하셨다는 소식을 글로 적어 보세요.

예수님의 부활 소식을 글로 써 보세요.

[보기] 무덤, 커다란 돌, 십자가, 다시

월

화

수

목

금

토

식탁 교제! 일기를 쓰세요.

년 월 일 시간 함께한 사람 장소

기억하고 싶은 것을 기록해 보세요.

chapter 4

# 2과 하나님의 능력을 인정해요

**읽을 말씀**

역대상 14:1~17

**핵심 포인트**

하나님의 능력을 인정하라.

**외울 말씀**

여호와께서 다스리시니 스스로 권위를
입으셨도다 여호와께서 능력의 옷을 입으시며
띠를 띠셨으므로 세계도 견고히 서서
흔들리지 아니하는도다 시 93:1

## WELCOME 수상 소감

시상식을 보면 상을 받은 사람들이 소감을 이야기해요. 어떤 말을 하는지 한번 들어 볼까요? 나라면 어떤 수상 소감을 말할지 친구들과 함께 나눠 보세요.

ADVENTURE

성경에서 역대상 14장 1~10절을 찾아 빈칸을 채우고 질문에 답하세요.

1절 두로 왕 히람이 다윗에게 사신들과 백향목과 석수와 목수를 보내 그의 ○○을 건
축하게 하였더라
2절 다윗이 ○○○께서 자기를 이스라엘의 왕으로 삼으신 줄을 깨달았으니 이는
그의 백성 이스라엘을 위하여 그의 나라가 높이 ○○을 받았음을 앎이었더라
3절 다윗이 예루살렘에서 또 아내들을 맞아 다윗이 다시 아들들과 딸들을 낳았으니
4절 예루살렘에서 낳은 아들들의 이름은 삼무아와 소밥과 나단과 솔로몬과
5절 입할과 엘리수아와 엘벨렛과
6절 노가와 네벡과 야비아와
7절 엘리사마와 브엘랴다와 엘리벨렛이었더라
8절 다윗이 기름 부음을 받아 온 이스라엘의 왕이 되었다 함을 ○○○ 사람들이 듣
고 모든 블레셋 사람들이 다윗을 찾으러 올라오매 다윗이 듣고 대항하러 나갔으나
9절 블레셋 사람들이 이미 이르러 르바임 골짜기로 쳐들어온지라
10절 다윗이 하나님께 ○○ 이르되 내가 블레셋 사람들을 치러 올라가리이까 주께서
그들을 내 손에 넘기시겠나이까 하니 여호와께서 그에게 이르시되 올라가라 내가 그들을
네 손에 넘기리라 하신지라

1. 다윗이 궁전을 건축할 수 있도록 두로 왕이 일꾼들과 재료를 보내 준 이유는 무엇일까요? (2절)

2. 다윗이 온 이스라엘의 왕이 되었다는 소식을 듣고 어느 나라가 침략해 왔나요? (8절)

3. 블레셋 군대의 기습을 받은 긴박한 상황에서 다윗은 무엇을 했나요? (10절)

## VALUE 하나님께 물어보세요

살다 보면 칭찬받을 때도 있고 반대로 공격을 당할 때도 있어요. 이런 상황에서 하나님의 사람은 어떤 태도를 보여야 할까요? 아래 두 가지 상황에서 어떻게 하나님의 능력을 인정할 수 있을지 생각해 보세요.

1 대회에서 큰 상을 받았을 때

2 학교 게시판에 나에 대한 거짓 소문이 퍼졌을 때

## ENJOY MY STORY

매일 하나님께 물어보고 도움을 구한 일과
하나님이 그 일을 어떻게 도우셨는지를 기록해 보세요.

| | 하나님께 도움을 구한 일 | 하나님이 도와주신 일 |
|---|---|---|
| 월 | | |
| 화 | | |
| 수 | | |
| 목 | | |
| 금 | | |
| 토 | | |

식탁 교제! 일기를 쓰세요.

년 월 일 시간 함께한 사람 장소

기억하고 싶은 것을 기록해 보세요.

chapter 4

# 3과 하나님의 권위를 인정해요

**읽을 말씀**

역대상 17:16~27

**핵심 포인트**

하나님의 권위를 인정하라.

**외울 말씀**

주께서 주의 백성 이스라엘을 영원히 주의 백성으로 삼으셨사오니 여호와여 주께서 그들의 하나님이 되셨나이다 대상 17:22

## WELCOME 문장 찾기 게임

아래 제시한 단어들을 표에서 모두 지우면 숨어 있는 문장이 나타나요.
그 문장을 찾아서 아래 빈칸에 적어 보세요.

<제시 단어> 탐심, 욕심, 미움, 질투, 살인, 죄, 싸움, 도둑질, 이기심, 다툼, 거짓말, 불순종, 자랑, 교만, 우상, 조롱, 낙심

| | | | | | | |
|---|---|---|---|---|---|---|
| 욕 | 심 | 싸 | 움 | 권 | 자 | 랑 |
| 살 | 미 | 움 | 도 | 둑 | 질 | 위 |
| 인 | 하 | 불 | 순 | 종 | 를 | 교 |
| 다 | 툼 | 나 | 죄 | 인 | 만 | 하 |
| 질 | 둑 | 도 | 님 | 이 | 기 | 심 |
| 탐 | 심 | 의 | 조 | 정 | 우 | 상 |
| 말 | 짓 | 거 | 롱 | 심 | 낙 | 라 |

숨어 있는 문장 __ __ __ __ __ __ __ __ __ __ __

성경에서 역대상 17장 16~24절을 찾아 빈칸을 채우고 질문에 답하세요.

16절 다윗 왕이 여호와 앞에 들어가 앉아서 이르되 여호와 하나님이여 나는 누구이오며 내 집은 무엇이기에 나에게 이에 이르게 하셨나이까

17절 하나님이여 주께서 이것을 오히려 작게 여기시고 또 종의 집에 대하여 먼 장래까지 말씀하셨사오니 여호와 하나님이여 나를 ○○○ 자들 같이 여기셨나이다

18절 주께서 주의 종에게 베푸신 영예에 대하여 이 다윗이 다시 주께 무슨 말을 하오리이까 주께서는 주의 종을 아시나이다

19절 여호와여 주께서 주의 종을 위하여 주의 뜻대로 이 모든 큰 일을 행하사 이 모든 큰 일을 알게 하셨나이다

20절 여호와여 우리 귀로 들은 대로는 주와 같은 이가 없고 주 외에는 ○○○ 이 없나이다

21절 땅의 어느 한 나라가 주의 백성 이스라엘과 같으리이까 하나님이 자기 백성을 ○○ 하시려고 나가사 크고 두려운 일로 말미암아 이름을 얻으시고 애굽에서 구속하신 자기 백성 앞에서 모든 민족을 쫓아내셨사오며

22절 주께서 주의 백성 이스라엘을 영원히 주의 ○○ 으로 삼으셨사오니 여호와여 주께서 그들의 하나님이 되셨나이다

23절 여호와여 이제 주의 종과 그의 집에 대하여 말씀하신 것을 영원히 ○○ 하게 하시며 말씀하신 대로 행하사

24절 견고하게 하시고 사람에게 영원히 주의 이름을 높여 이르기를 만군의 여호와는 이스라엘의 하나님 곧 이스라엘에게 하나님이시라 하게 하시며 주의 종 다윗의 왕조가 주 앞에서 견고히 서게 하옵소서

1 다윗은 약속을 주신 하나님께 어떻게 고백했나요? (20절)

2 다윗은 하나님이 그분의 백성을 위해 무엇을 하셨다고 고백했나요? 모두 찾아 위에 수록된 성경 구절에 동그라미 치세요(21~22절).

3 다윗은 하나님께 무엇이 견고히 서게 해 달라고 기도했나요? (23~24절)

# VALUE 하나님의 하나님 되심을 인정해요!

성경 인물들은 어떻게 하나님의 권위를 인정했을까요? 아래 그림의 인물과 연결해 보세요. 또 나는 어떻게 하나님의 권위를 인정하고 있는지 빈칸에 적고 선으로 연결해 보세요.

십브라와 부아

다윗

예수님

요셉

나

하나님이 큰 구원으로 당신들의 생명을 보존하고
당신들의 후손을 세상에 두시려고
나를 당신들보다 먼저 보내셨나니
(창 45:7)

산파들이 하나님을 두려워하여
애굽 왕의 명령을 어기고
남자 아기들을 살린지라
(출 1:17)

여호와께서 사람에게 그의 공의와 신실을 따라
갚으시리니 이는 여호와께서 오늘 왕을 내 손에
넘기셨으되 나는 손을 들어 여호와의 기름 부음을
받은 자 치기를 원하지 아니하였음이니이다
(삼상 26:23)

내가 하늘에서 내려온 것은 내 뜻을 행하려 함이
아니요 나를 보내신 이의 뜻을 행하려 함이니라
(요 6:38)

이 사람들의 공통점은 무엇인가요?

# ENJOY MY STORY

내 마음의 중심을 하나님께 드리며 하나님의 사람이 되어요.
아래 점검표에 체크해 보고, 체크하지 못한 부분은 더 노력하기로 다짐해요.

| 내 마음의 중심 체크 리스트 | 확인 |
| --- | --- |
| 1 나는 무엇보다 하나님을 제일 사랑한다. | ☐ |
| 2 나는 하나님께 전심으로 기도한다. | ☐ |
| 3 나는 하나님께 온 맘으로 찬양한다. | ☐ |
| 4 나는 말씀을 듣는 것을 즐거워한다. | ☐ |
| 5 나는 하나님의 말씀대로 살기 위해 노력한다. | ☐ |
| | 총 ___ 개 |

| 내가 노력해야 할 부분 | 이렇게 노력할게요! |
| --- | --- |
| | |

식탁 교제! 일기를 쓰세요.

년 월 일 시간 함께한 사람 장소

기억하고 싶은 것을 기록해 보세요.

chapter 4

# 4과 하나님의 도우심을 인정해요

**읽을 말씀**

역대상 22:1~19

**핵심 포인트**

하나님의 도우심을 인정하라.

**외울 말씀**

여호와께서 네게 지혜와 총명을 주사 네게 이스라엘을 다스리게 하시고 네 하나님 여호와의 율법을 지키게 하시기를 더욱 원하노라 대상 22:12

## WELCOME 나만의 레시피 노트

손님을 위해 맛있고 멋진 요리를 만든다고 생각해 보세요. 오늘의 메뉴에 제시된 음식 중에서 한 가지를 선택해 준비물과 요리 과정을 적어 보고 어떤 준비가 필요한지 서로 이야기해 보세요.

**오늘의 메뉴**

김치, 잡채, 과일 케이크, 피자

| 재료 | |
|---|---|
| | |
| 요리법 | 이미지 |
| | |
| | 기타 의견 |
| | |
| 노트 | |
| | |

## 성경에서 역대상 22장 11~19절을 찾아 빈칸을 채우고 질문에 답하세요.

11절 이제 내 아들아 여호와께서 너와 함께 계시기를 원하며 네가 형통하여 여호와께서 네게
대하여 말씀하신 대로 네 하나님 여호와의 ( )( ) 을 건축하며
12절 여호와께서 네게 ( )( ) 와 총명을 주사 네게 이스라엘을 다스리게 하시고 네 하나
님 여호와의 율법을 지키게 하시기를 더욱 원하노라
13절 그 때에 네가 만일 여호와께서 모세를 통하여 이스라엘에게 명령하신 모든 ( )( ) 와
법도를 삼가 행하면 형통하리니 강하고 담대하여 두려워하지 말고 놀라지 말지어다
14절 내가 환난 중에 여호와의 성전을 위하여 금 십만 달란트와 은 백만 달란트와 놋과 철을
그 무게를 달 수 없을 만큼 심히 많이 ( )( ) 하였고 또 재목과 돌을 준비하였으나
너는 더할 것이며
15절 또 장인이 네게 많이 있나니 곧 석수와 목수와 온갖 일에 익숙한 모든 사람이니라
16절 … 너는 일어나 일하라 여호와께서 너와 함께 계실지로다 하니라
17절 다윗이 또 이스라엘 모든 방백에게 명령하여 그의 아들 솔로몬을 도우라 하여 이르되
18절 너희 하나님 여호와께서 너희와 함께 계시지 아니하시느냐 사면으로 너희에게 평온함을
주지 아니하셨느냐 이 땅 주민을 내 손에 넘기사 이 땅으로 여호와와 그의 백성 앞에 복
종하게 하셨나니
19절 이제 너희는 마음과 뜻을 바쳐서 너희 하나님 여호와를 구하라 그리고 일어나서 여호와
하나님의 성전을 ( )( ) 하고 여호와의 언약궤와 하나님 성전의 기물을 가져다가 여
호와의 이름을 위하여 건축한 성전에 들이게 하라 하였더라

1. 성전을 건축하기 전 다윗이 솔로몬을 향해 갖고 있던 바람은 무엇이었나요? 성경 본문에서 찾아 동그라미 치세요(11~13절).

2. 아들 솔로몬의 성전 건축을 도우려고 다윗이 준비한 것은 무엇인가요? (14~15절)

3. 다윗은 솔로몬에게 어떤 마음가짐으로 성전을 건축하라고 당부했나요? (13, 19절)

VALUE 나의 도움 그래프

하나님은 우리가 우리 자신을 하나님의 성전으로 세워 가도록 날마다 도와주고 계세요. 아래 표에 하나님이 지금까지 우리를 도와주신 일과 앞으로 도와주시길 바라는 일을 적어 보세요. 앞으로 도와주시길 바라는 일은 '어른이 된 후' 칸에 적어 보세요. 그리고 '나의 결심' 문장의 빈칸에 내 이름을 적고 문장을 완성해서 큰 소리로 읽어 보세요.

| 0~3세 | 4~7세 | 8~10세 | 11~13세 | 14세~ | 어른이 된 후 |
|---|---|---|---|---|---|
| | | | | | |

나의 결심

나 ________은(는) ㅎㄴㄴ의 ㅅㅈ으로 세워지는 모든 순간에
하나님이 함께하시고 도우신다는 것을 기억하겠습니다!

## ENJOY MY STORY

다윗은 아들 솔로몬에게 도와주시는 하나님께 구하라고 당부했습니다.
이처럼 우리도 날마다 하나님의 도우심을 구하며 살아야 합니다.
날마다 하나님의 도우심이 필요한 일이 무엇인지 적어 보세요.

| | 하나님의 도우심이 필요한 일 |
|---|---|
| 월 | |
| 화 | |
| 수 | |
| 목 | |
| 금 | |
| 토 | |

식탁 교제! 일기를 쓰세요.

년 월 일 시간 함께한 사람 장소

기억하고 싶은 것을 기록해 보세요.

chapter

# 5 온전한 마음

## 주제 설명

'온전하다'라는 말은 '흠이 없다', '원래 모습에서 잘못된 것이 없다'라는 뜻입니다. 예를 들어, '어떤 물건이 온전한 상태다'라고 말한다면, '그것은 처음 만들어진 모습 그대로다'라는 의미입니다. 그렇다면 '온전한 마음'은 무슨 뜻일까요? 그것 역시 '처음 마음 그대로', 즉 '하나님이 사람에게 주신 마음 그대로'를 의미합니다. 하나님은 사람을 창조하실 때 그분과 깊은 교제를 나누고 그분을 사랑하도록 하셨습니다. 하지만 죄가 들어와 사람의 마음이 온전하지 않게 되었습니다. 그러면 이 마음은 어떻게 온전하게 회복될까요? 이 회복은 바로 하나님을 통해서만 가능합니다. 5장에서는 어떻게 해야 사람의 마음이 온전하게 회복되는지, 우리는 회복된 온전한 마음으로 무엇을 해야 하는지 함께 알아보도록 하겠습니다.

chapter 5

# 1과 온전한 마음으로 자원해요

**읽을 말씀**

역대상 29:1~19

**핵심 포인트**

온전한 마음으로 자원하라.

**외울 말씀**

그가 만일 나의 계명과 법도를 힘써
준행하기를 오늘과 같이 하면 내가 그의
나라를 영원히 견고하게 하리라 하셨느니라

대상 28:7

## WELCOME 선물

누군가에게 선물을 준 적이 있나요? 그때 어떤 마음이 들었나요? 생각 풍선 안에 선물을 준비하고 전달할 때 마음이 어땠는지 적어 보고 친구들과 함께 나눠 보세요.

## ADVENTURE

성경에서 역대상 29장 9, 12~19절을 찾아 빈칸을 채우고 질문에 답하세요.

9절 백성들은 ○○ 하여 드렸으므로 기뻐하였으니 곧 그들이 성심으로 여호와께 자원
⋮ 하여 드렸으므로 다윗 왕도 심히 기뻐하니라
12절 부와 귀가 주께로 말미암고 또 주는 만물의 주재가 되사 손에 권세와 능력이 있사오니 모
든 사람을 크게 하심과 강하게 하심이 주의 손에 있나이다
13절 우리 하나님이여 이제 우리가 주께 감사하오며 주의 영화로운 이름을 ○○ 하나이다
14절 나와 내 백성이 무엇이기에 이처럼 ○○○ 마음으로 드릴 힘이 있었나이까 모든
것이 주께로 말미암았사오니 우리가 주의 손에서 받은 것으로 주께 드렸을 뿐이니이다
15절 우리는 우리 조상들과 같이 주님 앞에서 이방 나그네와 거류민들이라 세상에 있는 날이
그림자 같아서 희망이 없나이다
16절 우리 하나님 여호와여 우리가 주의 거룩한 이름을 위하여 성전을 건축하려고 미리 저축
한 이 모든 물건이 다 주의 손에서 왔사오니 다 주의 것이니이다
17절 나의 하나님이여 주께서 마음을 ○○ 하시고 정직을 기뻐하시는 줄을 내가 아나이
다 내가 정직한 마음으로 이 모든 것을 즐거이 드렸사오며 이제 내가 또 여기 있는 주의
백성이 주께 자원하여 드리는 것을 보오니 심히 기쁘도소이다
18절 우리 조상들 아브라함과 이삭과 이스라엘의 하나님 여호와여 주께서 이것을 주의 백성
의 심중에 영원히 두어 생각하게 하시고 그 마음을 준비하여 주께로 돌아오게 하시오며
19절 또 내 아들 솔로몬에게 ○○○ 마음을 주사 주의 계명과 권면과 율례를 지켜 이
모든 일을 행하게 하시고 내가 위하여 준비한 것으로 성전을 건축하게 하옵소서 하였더라

1. 이스라엘 백성들은 성전 건축을 위한 예물을 드릴 때 어떤 마음이었나요? (9, 14, 17절)

2. 이스라엘 백성들이 성전 건축을 위해 자원했던 이유는 무엇인가요? (14절)

3. 자원할 때 물질보다 더 중요한 것은 무엇인가요? (17~19절)

VALUE 내 마음을 점검해요

하나님은 우리에게 많은 것을 주셨어요. 내가 하나님께 받은 것을 얼마나 감사하는지, 하나님께 드리는 일에 얼마나 기쁨으로 자원하는지 그래프에 표시해 보세요.

세로축은 받은 것에 하나님께 감사하는 마음의 정도를, 가로축은 하나님께 드리는 일에 자원하는 마음의 정도를 나타냅니다. 나의 감사하는 마음 대비 자원하는 마음은 얼마나 되는지 1~10 중에 선택해서 그래프에 점으로 표시하고, 확인해 보세요.

예) 감사하는 마음이 8, 자원하는 마음이 7이라면 (8, 7) 지점에 표시합니다.

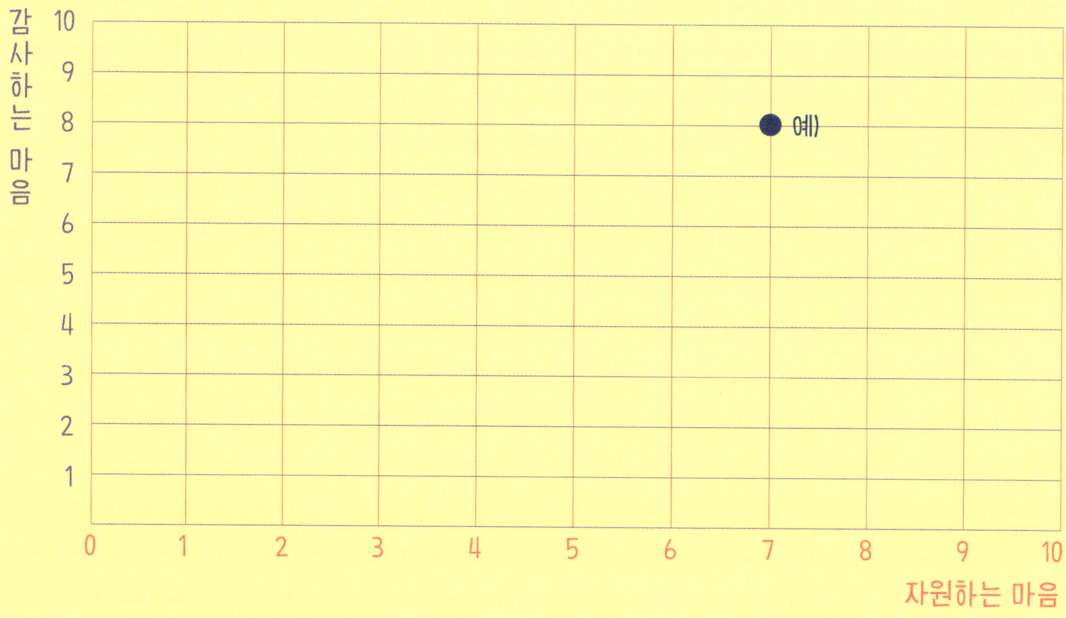


그래프를 살펴본 뒤 받은 것에 비해 자원하지 못하고 있다면 더욱 자원할 수 있도록 해 달라고 기도합시다. 자원하는 것에 비해 받은 것이 적다고 생각하거나 감사하지 못하는 사람은 하나님께 감사하며 만족하게 해 달라고 기도합시다.

## ENJOY MY STORY

한 주간 어떤 일을 자원했다면 자원에, 그렇지 못했다면 감사에 V 표시하고 자원한 내용과 감사한 내용을 적어 보세요.

| | | 내용 |
|---|---|---|
| 월 | 감사 ☐ 자원 ☐ | |
| 화 | 감사 ☐ 자원 ☐ | |
| 수 | 감사 ☐ 자원 ☐ | |
| 목 | 감사 ☐ 자원 ☐ | |
| 금 | 감사 ☐ 자원 ☐ | |
| 토 | 감사 ☐ 자원 ☐ | |

식탁 교제! 일기를 쓰세요.

년 월 일 시간 함께한 사람 장소

기억하고 싶은 것을 기록해 보세요.

chapter 5

# 2과 온전한 마음으로 하나님을 예배해요

**읽을 말씀**

역대하 5:1~14

**핵심 포인트**

온전한 마음으로 하나님을 예배하라.

**외울 말씀**

오직 나는 주의 풍성한 사랑을 힘입어 주의 집에 들어가 주를 경외함으로 성전을 향하여 예배하리이다 시 5:7

## WELCOME 마음을 점검해요!

예배할 때 어떤 마음이 드는지 자신을 점검해 보고 친구들과 함께 나눠 보세요.

## ADVENTURE

성경에서 역대하 5장 1~10, 14절을 찾아 빈칸을 채우고 질문에 답하세요.

1절 솔로몬이 여호와의 전을 위하여 만드는 모든 일을 마친지라 이에 솔로몬이 그의 아버지
다윗이 드린 은과 금과 모든 기구를 가져다가 하나님의 전 곳간에 두었더라
2절 이에 솔로몬이 여호와의 ( )( )( )를 다윗 성 곧 시온에서부터 메어 올리고자 하
여 이스라엘 장로들과 모든 지파의 우두머리 곧 이스라엘 자손의 족장들을 다 예루살렘
으로 소집하니
3절 일곱째 달 절기에 이스라엘 모든 사람이 다 왕에게로 모이고
4절 이스라엘 장로들이 이르매 레위 사람들이 궤를 메니라
5절 궤와 회막과 장막 안에 모든 ( )( )( ) 기구를 메고 올라가되 레위인 제사장들이
그것들을 메고 올라가매
6절 솔로몬 왕과 그 앞에 모인 모든 이스라엘 회중이 궤 앞에서 양과 소로 ( )( )를 드렸
으니 그 수가 많아 기록할 수도 없고 셀 수도 없었더라
7절 … 여호와의 언약궤를 그 처소로 메어 들였으니 곧 본전 지성소 그룹들의 날개 아래라
8절 그룹들이 궤 처소 위에서 날개를 펴서 궤와 그 채를 덮었는데
9절 그 채가 길어서 궤에서 나오므로 그 끝이 본전 앞에서 보이나 밖에서는 보이지 아니하며
그 궤가 오늘까지 그 곳에 있으며
10절 궤 안에는 두 돌판 외에 아무것도 없으니 이것은 이스라엘 자손이 애굽에서 나온 후 여호
⋮ 와께서 그들과 ( )( )을 세우실 때에 모세가 호렙에서 그 안에 넣은 것이더라
14절 제사장들이 그 구름으로 말미암아 능히 서서 섬기지 못하였으니 이는 여호와의 영광이
하나님의 전에 가득함이었더라

**1** 성전 건축 후 솔로몬은 무엇을 하려고 했나요? (2절)

**2** 솔로몬이 언약궤를 옮기면서 한 일을 설명해 보세요(2~6절).

**3** 언약궤를 옮기면서 예배하자 무슨 일이 일어났나요? (14절)

## VALUE 진심으로 예배해요

하나님을 진심으로 예배하는 것은 매우 중요해요. 예수님도 우리가 어떤 모습으로 예배해야 하는지 말씀해 주셨어요. 아래 표에서 숨겨진 성경 구절을 찾아서 표시하고 완성된 말씀을 적어 보세요.

| 무 | 다 | 을 | 이 | 하 | 결 | 것 | 가 | 나 |
|---|---|---|---|---|---|---|---|---|
| 엇 | 4 | 장 | 똑 | 이 | 나 | 할 | 를 | 과 |
| 걱 | 정 | 영 | 과 | 사 | 예 | 님 | 요 | 내 |
| 까 | 영 | 같 | 지 | 배 | 마 | 예 | 은 | 의 |
| 가 | 이 | 하 | 할 | 내 | 라 | 배 | 약 | 일 |
| 내 | 시 | 지 | 검 | 함 | 서 | 하 | 내 | 절 |
| 젓 | 니 | 희 | 일 | 가 | 자 | 는 | 로 | 4 |
| 라 | 가 | 의 | 락 | 와 | 께 | 리 | 은 | 2 |
| 너 | 음 | 복 | 한 | 요 | 진 | 할 | 일 | 것 |

<제시 단어>

영과
24절
예배할지니라
영이시니
하나님은
자가
진리로
예배하는
요한복음
4장

<완성된 말씀>

예수님은 우리가 어떻게 예배해야 하는지 말씀해 주셨어요.
나의 예배를 방해하는 것과 도와주는 것이 무엇인지 적고 함께 나누어 볼까요?

| 예배를 방해하는 것 | 예배를 도와주는 것 |
|---|---|
| | |
| | |
| | |

## ENJOY MY STORY

온전한 예배를 하려면 우리에게 무엇이 필요할까요?
온전한 예배에 필요한 요소를 매일 하나씩 적어 보세요.

| | 온전한 예배를 위해 필요한 것 |
|---|---|
| 월 | |
| 화 | |
| 수 | |
| 목 | |
| 금 | |
| 토 | |

식탁 교제! 일기를 쓰세요.

년 월 일 시간 함께한 사람 장소

기억하고 싶은 것을 기록해 보세요.

chapter 5

# 3과 온전한 마음으로 말씀을 지켜요

**읽을 말씀**

역대하 8:1~18

**핵심 포인트**

온전한 마음으로 말씀을 지키라.

**외울 말씀**

너희는 내 법도를 따르며 내 규례를 지켜 그대로 행하라 나는 너희의 하나님 여호와이니라

레 18:4

## WELCOME 특별한 규칙

우리 집에는 특별한 규칙이 있나요? 왜 그런 규칙이 생겼는지, 어떤 마음으로 그것을 따르는지 이야기해 보세요.

성경에서 역대하 8장 11~18절을 찾아 빈칸을 채우고 질문에 답하세요.

11절 솔로몬이 ◯◯의 딸을 데리고 다윗 성에서부터 그를 위하여 건축한 왕궁에 이르
러 이르되 내 아내가 이스라엘 왕 다윗의 왕궁에 살지 못하리니 이는 여호와의 궤가 이
른 곳은 다 ◯◯◯이니라 하였더라
12절 솔로몬이 낭실 앞에 쌓은 여호와의 제단 위에 여호와께 번제를 드리되
13절 ◯◯의 명령을 따라 매일의 일과대로 안식일과 초하루와 정한 절기 곧 일년의 세
절기 무교절과 칠칠절과 초막절에 드렸더라
14절 솔로몬이 또 그의 아버지 다윗의 ◯◯를 따라 제사장들의 반열을 정하여 섬기게
하고 레위 사람들에게도 그 직분을 맡겨 매일의 일과대로 찬송하며 제사장들 앞에서 수
종들게 하며 또 문지기들에게 그 반열을 따라 각 문을 지키게 하였으니 이는 하나님의 사
람 다윗이 전에 이렇게 ◯◯하였음이라
15절 제사장들과 레위 사람들이 … 왕이 명령한 바를 전혀 어기지 아니하였더라
16절 솔로몬이 여호와의 전의 기초를 쌓던 날부터 준공하기까지 모든 것을 완비하였으므로 여
호와의 전 공사가 ◯◯ 없이 끝나니라
17절 그 때에 솔로몬이 에돔 땅의 바닷가 에시온게벨과 엘롯에 이르렀더니
18절 후람이 그의 신복들에게 부탁하여 배와 바닷길을 아는 종들을 보내매 그들이 솔로몬의 종
들과 함께 오빌에 이르러 거기서 금 사백오십 달란트를 얻어 솔로몬 왕에게로 가져왔더라

1. 솔로몬이 바로의 딸을 다윗성에서 살지 못하게 한 이유는 무엇인가요? (11절)

2. 솔로몬이 제사를 드릴 때 따른 것은 무엇인가요? (13절)

3. 솔로몬은 무엇을 기준으로 제사장의 반열을 정했나요? (14절)

## VALUE 새 계명

스마트폰을 사용하시는 예수님을 상상해 보세요! 예수님이 SNS에 새 계명을 올려놓으시고 잘 지키라고 말씀하셨어요. 그 계명이 무엇인지 함께 살펴볼까요?

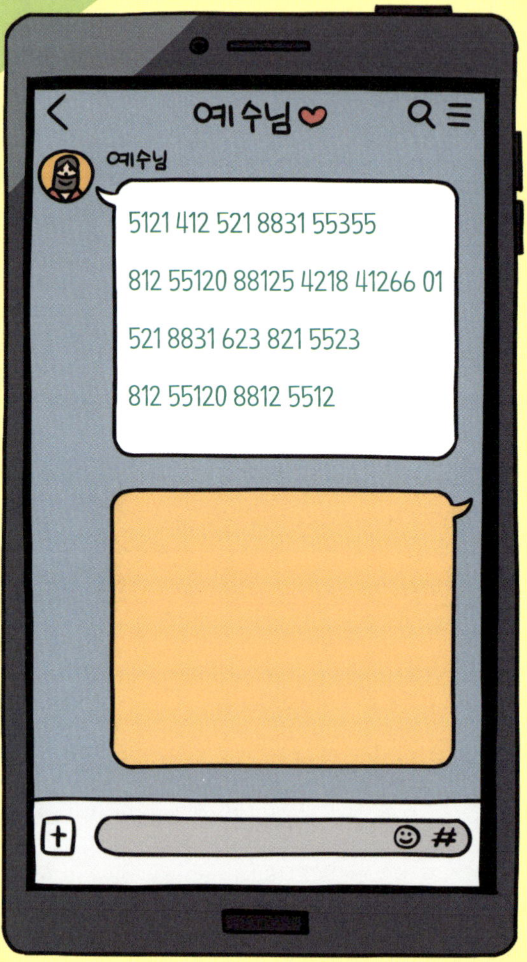

여러분은 이 말씀을 지키기 위해 노력하나요? 이 말씀을 지키는 데 어떤 어려움이 있는지 서로 나눠 보세요. 그리고 말씀을 지키기 위해 예수님께 드릴 기도를 아래 빈칸에 적어 보세요.

## ENJOY MY STORY

하나님을 사랑하는 마음으로 이웃 사랑을 실천해 보세요.

| | 사랑해야 하는 사람 | 사랑의 행동 |
|---|---|---|
| 월 | | |
| 화 | | |
| 수 | | |
| 목 | | |
| 금 | | |
| 토 | | |

식탁 교제! 일기를 쓰세요.

년 월 일 시간 함께한 사람 장소

기억하고 싶은 것을 기록해 보세요.

chapter 5

# 4과 온전한 마음을 지켜요

**읽을 말씀**

역대하 12:1~16

**핵심 포인트**

온전한 마음을 지키라.

**외울 말씀**

내 아들아 나의 법을 잊어버리지 말고 네 마음으로 나의 명령을 지키라 잠 3:1

## WELCOME 내 예배 모습을 돌아봐요!

매주 예배 시간에 들은 성경 말씀은 나의 삶과 연결됩니다. 나는 한 주간 이 성경 말씀을 얼마나 마음에 새기고 실천했는지 그래프에 표시하고, 나의 삶을 돌아보세요.

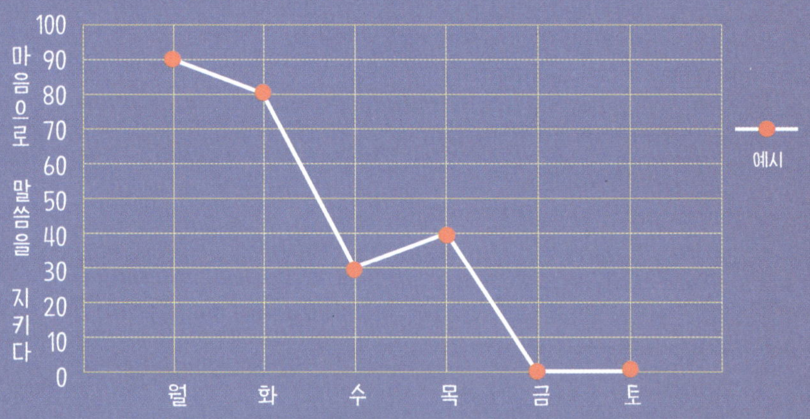

## ADVENTURE

성경에서 역대하 12장 1~2, 4~9절을 찾아 빈칸을 채우고 질문에 답하세요.

1절 르호보암의 나라가 견고하고 세력이 강해지매 그가 여호와의 ○○ 을 버리니 온 이
스라엘이 본받은지라
2절 그들이 여호와께 ○○ 하였으므로 르호보암 왕 제오년에 애굽 왕 시삭이 예루살렘
⋮ 을 치러 올라오니
4절 시삭이 유다의 견고한 성읍들을 빼앗고 예루살렘에 이르니
5절 그 때에 유다 방백들이 시삭의 일로 예루살렘에 모였는지라 선지자 스마야가 르호보암
과 방백들에게 나아와 이르되 여호와께서 이같이 말씀하시기를 너희가 나를 ○○
○○○ 나도 너희를 버려 시삭의 손에 넘겼노라 하셨다 한지라
6절 이에 이스라엘 방백들과 왕이 스스로 ○○ 하여 이르되 여호와는 의로우시다 하매
7절 여호와께서 그들이 스스로 겸비함을 보신지라 여호와의 말씀이 스마야에게 임하여 이
르시되 그들이 스스로 겸비하였으니 내가 멸하지 아니하고 저희를 조금 ○○ 하
여 나의 노를 시삭의 손을 통하여 예루살렘에 쏟지 아니하리라
8절 그러나 그들이 시삭의 종이 되어 나를 섬기는 것과 세상 나라들을 섬기는 것이 어떠한지
알게 되리라 하셨더라
9절 애굽 왕 시삭이 올라와서 예루살렘을 치고 여호와의 전 보물과 왕궁의 보물을 모두 빼앗
고 솔로몬이 만든 금 방패도 빼앗은지라

1. 르호보암은 나라가 견고하고 세력이 강해지자 무슨 죄를 지었나요? (1절)

2. 죄를 지은 이스라엘 백성에게 하나님은 어떻게 말씀하셨나요? (5절)

3. 이스라엘이 회개하자 하나님은 어떻게 하셨나요? (6~7절)

## VALUE 언제 가장 조심해야 할까요?

다음 그림을 보고 생각나는 속담이 있나요? 이 속담은 무엇을 의미할까요?

혹시 여러분들은 아주 쉬운 수학 문제를 잘 풀다가 마지막에 실수해서 틀린 적이 있나요?
신앙생활을 하면서 조심해야 할 것은 무엇인지 함께 나눠 보세요.

## ENJOY MY STORY

하루에 한 번씩 잠언 3장 1절 말씀을 외우고
온전한 마음을 지키게 해 달라고 기도하세요.

| | 잠언 3장 1절 말씀을 외웠어요. | 확인 |
|---|---|---|
| 월 | | ☐ |
| 화 | | ☐ |
| 수 | 내 아들아 나의 법을 잊어버리지 말고<br>네 마음으로 나의 명령을 지키라<br>(잠 3:1) | ☐ |
| 목 | | ☐ |
| 금 | | ☐ |
| 토 | | ☐ |

식탁 교제! 일기를 쓰세요.

년 월 일 시간 함께한 사람 장소

기억하고 싶은 것을 기록해 보세요.

chapter 5

# 5과 온전한 마음으로 정의를 행해요

**읽을 말씀**

역대하 14:1~15

**핵심 포인트**

온전한 마음으로 정의를 행하라.

**외울 말씀**

대저 그는 정의의 길을 보호하시며 그의
성도들의 길을 보전하려 하심이니라

잠 2:8

## WELCOME 서로 의지해 보세요

혼자서 의자에 앉은 것처럼 등을 펴고 무릎을 구부려 보세요. 다음에는 친구와 서로 등을 맞대고 같은 자세를 취해 보세요. 서로 의지하자 어떻게 되었나요?

ADVENTURE

성경에서 역대하 14장 1~8절을 찾아 빈칸을 채우고 질문에 답하세요.

1절 아비야가 그의 조상들과 함께 누우매 다윗 성에 장사되고 그의 아들 아사가 대신하여 왕
이 되니 그의 시대에 그의 땅이 십 년 동안 평안하니라
2절 아사가 그의 하나님 여호와 보시기에 선과 ○○를 행하여
3절 이방 제단과 산당을 없애고 주상을 깨뜨리며 아세라 상을 찍고
4절 유다 사람에게 명하여 그 조상들의 하나님 ○○○를 찾게 하며 그의 ○○과
명령을 행하게 하고
5절 또 유다 모든 성읍에서 산당과 ○○○을 없애매 …
6절 여호와께서 아사에게 ○○을 주셨으므로 그 땅이 평안하여 여러 해 싸움이 없은
지라 그가 견고한 성읍들을 유다에 건축하니라
7절 아사가 일찍이 유다 사람에게 이르되 우리가 우리 하나님 여호와를 ○○○
○○ 이 땅이 아직 우리 앞에 있나니 우리가 이 성읍들을 건축하고 그 주위에 성곽
과 망대와 문과 빗장을 만들자 우리가 주를 찾았으므로 주께서 우리 사방에 평안을 주셨
느니라 하고 이에 그들이 성읍을 형통하게 건축하였더라
8절 아사의 군대는 유다 중에서 큰 방패와 창을 잡는 자가 삼십만 명이요 베냐민 중에서 작은
방패를 잡으며 활을 당기는 자가 이십팔만 명이라 그들은 다 큰 용사였더라

1. 성경 본문에서 아사왕이 한 일들을 찾아 동그라미 치세요(2~5절).

2. 아사왕이 한 일에 하나님은 어떻게 응답해 주셨나요? (6절)

3. 아사왕은 이 땅이 아직 우리 앞에 있고 평안한 이유가 무엇이라고 말했나요? (7절)

## VALUE 내 안의 우상을 넘어뜨려요!

아사왕이 행한 선과 정의는 우상을 버리고 하나님을 의지하는 것이었어요. 내 안에 하나님보다 더 의지하는 것이 있다면 그림 속 우상 안에 모두 적고 말씀으로 그것들을 넘어뜨려요!

### 활동 방법

부록 129쪽

1. 내가 성경 말씀을 따르지 못하게 방해하는 우상들을 버리게 해 달라고 상자 전개도의 적는 칸에 기도문을 적어요.
2. 내가 적은 내용을 선생님, 친구들과 함께 나누어요.
3. 부록을 떼어 내어 상자를 만듭니다.
4. 단, 상자를 만들 때, 10원짜리 동전이나 작은 돌을 상자 안쪽에 붙여 주세요.
5. 만들어진 상자를 일렬로 세워 도미노를 만듭니다. 친구들이 만든 상자와 함께 세워 놓아도 됩니다.
6. 한 명씩 "내 안의 우상을 말씀으로 넘어뜨려요!"라고 말하며 도미노를 넘어뜨립니다.
7. 모든 친구가 넘어뜨릴 수 있도록 여러 번 진행합니다.

## ENJOY MY STORY

하나님이 아니라 다른 것을 의지하고 싶다는 유혹이 들었을 때
어떻게 물리쳤는지 적어 보세요.

하나님만 의지하여 나를 유혹하는 것을 이겨 냈어요!

| | |
|---|---|
| 월 | |
| 화 | |
| 수 | |
| 목 | |
| 금 | |
| 토 | |

식탁 교제! 일기를 쓰세요.

년 월 일 시간 함께한 사람 장소

기억하고 싶은 것을 기록해 보세요.

chapter

# 6 구원

1과 구원의 하나님을 바라봐요

2과 구원의 하나님을 의지해요

3과 구원의 하나님께 돌이켜요

4과 구원의 하나님 앞에 행해요

SALVATION

## 주제 설명

'구원'이란 어려움이나 위험에 빠진 사람을 구해 주는 것을 말합니다. 구원받으려면 우선, 내가 위험하거나 어려운 상황에 있다는 사실을 알아야 합니다. 그렇지 않으면 누가 도움의 손길을 내밀어도 잡지 않고, 설령 도움을 받아 그 상황에서 빠져나온다 해도 감사할 줄을 모릅니다. 영적 구원도 마찬가지입니다. 먼저, 우리의 영적 상태를 정확히 알아야 합니다. 누구에게도 도움을 받을 수 없어 영원한 죽음으로 내몰릴 수밖에 없는 그 절박한 상황을 알아야 합니다. 그래야 하나님이 은혜로 베풀어 주신 구원에 감사하고, 삶을 변화시킬 수 있습니다. 6장에서는 하나님이 그분의 백성을 어떻게 구원하셨는지, 우리는 구원의 하나님을 어떻게 따라야 하는지 함께 알아보도록 하겠습니다.

chapter 6

# 1과 구원의 하나님을 바라봐요

**읽을 말씀**

역대하 20:1~19

**핵심 포인트**

구원의 하나님을 보라.

**외울 말씀**

이 전쟁에는 너희가 싸울 것이 없나니 대열을
이루고 서서 너희와 함께 한 여호와가 구원하는
것을 보라 대하 20:17a

## WELCOME 힘든 사람을 도와줘요

내가 누군가를 도와줄 때와 누군가에게 도움을 받았을 때 어떤 마음이 들었는지 나눠 보세요.

## ADVENTURE

성경에서 역대하 20장 2~4, 7~13절을 찾아 빈칸을 채우고 질문에 답하세요.

2절 어떤 사람이 와서 여호사밧에게 전하여 이르되 큰 무리가 바다 저쪽 아람에서 왕을 치러
오는데 이제 하사손다말 곧 엔게디에 있나이다 하니
3절 여호사밧이 두려워하여 여호와께로 ○ 을 향하여 간구하고 온 유다 백성에게 ○○
하라 공포하매
4절 유다 사람이 여호와께 도우심을 구하려 하여 유다 모든 성읍에서 모여와서 여호와께
○○ 하더라

⋮

7절 우리 하나님이시여 전에 이 땅 주민을 주의 백성 이스라엘 앞에서 쫓아내시고 그 땅을
주께서 사랑하시는 아브라함의 자손에게 영원히 주지 아니하셨나이까
8절 그들이 이 땅에 살면서 주의 이름을 위하여 한 성소를 주를 위해 건축하고 이르기를
9절 만일 재앙이나 난리나 견책이나 전염병이나 기근이 우리에게 임하면 주의 ○○ 이
이 성전에 있으니 우리가 이 성전 앞과 주 앞에 서서 이 환난 가운데에서 주께 ○○
○○○ 들으시고 구원하시리라 하였나이다
10절 옛적에 이스라엘이 애굽 땅에서 나올 때에 암몬 자손과 모압 자손과 세일 산 사람들을 침
노하기를 주께서 용납하지 아니하시므로 이에 돌이켜 그들을 떠나고 멸하지 아니하였거늘
11절 이제 그들이 우리에게 갚는 것을 보옵소서 그들이 와서 주께서 우리에게 주신 주의 기업
에서 우리를 쫓아내고자 하나이다
12절 우리 하나님이여 그들을 징벌하지 아니하시나이까 우리를 치러 오는 이 큰 무리를 우리
가 대적할 능력이 없고 어떻게 할 줄도 알지 못하옵고 오직 ○ 만 바라보나이다 하고
13절 유다 모든 사람들이 그들의 아내와 자녀와 어린이와 더불어 ○○○ 앞에 섰더라

1. 여호사밧과 유다 백성에게 어떤 위기가 찾아왔나요? (2절)

2. 여호사밧과 유다 백성이 위기 때 한 일은 무엇인가요? (3~4, 12~13절)

3. 여호사밧이 하나님께 도움을 구한 이유는 무엇인가요? (7~12절)

## VALUE 믿음의 눈으로 바라봐요

내가 비록 힘들고 어려운 일을 겪고 있더라도, 그보다 크신 하나님을 바라보는 것이 중요해요. 믿음의 눈으로 하나님을 바라보기 위해 그림 속 안경에 외울 말씀을 적어 보세요.

이 전쟁에는 너희가 싸울 것이 없나니 대열을 이루고 서서
너희와 함께 한 여호와가 구원하는 것을 보라 (대하 20:17a)

**무섭고 두려울 때 하나님의 말씀을 외우며 구원하시는 하나님을 바라봐요.**

문제를 내 눈으로 바라볼 때와 하나님이 주신 약속의 말씀으로 바라볼 때 어떤 차이가 있나요?

## ENJOY MY STORY

하나님의 구원이 필요한 상황이나 사람들을 보았다면 이를 기록하고,
그들이 구원하시는 하나님을 바라보게 해 달라고 기도하세요.

| | 도움이 필요한 상황이나 사람들 | 하나님의 구원을 바라보게 해 주세요. |
|---|---|---|
| 월 | | |
| 화 | | |
| 수 | | |
| 목 | | |
| 금 | | |
| 토 | | |

### 식탁 교제! 일기를 쓰세요.

년 월 일 시간 함께한 사람 장소

기억하고 싶은 것을 기록해 보세요.

chapter 6

# 2과 구원의 하나님을 의지해요

**읽을 말씀**

역대하 25:1~16

**핵심 포인트**

구원의 하나님을 의지하라.

**외울 말씀**

만군의 여호와여 주께 의지하는 자는 복이 있나이다 시 84:12

## WELCOME 누군가 도와준다면?

친구들과 함께 팔씨름을 해 볼까요? 가장 많이 이긴 친구와 가장 많이 진 친구는 누구인가요? 이 두 친구가 팔씨름을 할 때 가장 많이 진 친구가 가장 많이 이긴 친구를 이기기 위해서는 어떻게 해야 할까요?

**게임 방법**

1. 각자 다른 친구와 돌아가며 팔씨름을 합니다.
2. 가장 강한 사람과 가장 약한 사람을 찾아서 다시 팔씨름합니다. 이때 한 친구를 정해 가장 약한 사람의 손에 자기 손을 포개어 돕도록 합니다.

도움을 받아 팔씨름을 해 보니 결과가 어떤가요? 느낀 점을 이야기해 보세요.

## ADVENTURE

성경에서 역대하 25장에서 아래의 말씀을 찾아 빈칸을 채우고 질문에 답하세요.

5절 아마샤가 유다 사람들을 모으고 그 여러 족속을 따라 천부장들과 백부장들을 세우되 유
다와 베냐민을 함께 그리하고 이십 세 이상으로 계수하여 창과 방패를 잡고 능히 전장에
나갈 만한 자 삼십만 명을 얻고
6절 또 은 백 달란트로 이스라엘 나라에서 큰 용사 십만 명을 고용하였더니
7절 어떤 하나님의 사람이 아마샤에게 나아와서 이르되 왕이여 이스라엘 군대를 왕과 함께 가
⋮ 게 하지 마옵소서 여호와께서는 이스라엘 곧 온 에브라임 자손과 함께 하지 아니하시나니
9절 아마샤가 하나님의 사람에게 이르되 내가 백 달란트를 이스라엘 군대에게 주었으니 어찌할까
하나님의 사람이 말하되 여호와께서 능히 이보다 많은 것을 왕에게 주실 수 있나이다 하니라
10절 아마샤가 이에 에브라임에서 자기에게 온 군대를 나누어 그들의 고향으로 돌아가게 하였
⋮ 더니 그 무리가 유다 사람에게 심히 노하여 분연히 고향으로 돌아갔더라
12절 유다 자손이 또 만 명을 사로잡아 가지고 바위 꼭대기에 올라가서 거기서 밀쳐 내려뜨려
⋮ 서 그들의 온 몸이 부서지게 하였더라
14절 아마샤가 에돔 사람들을 죽이고 돌아올 때에 세일 자손의 신들을 가져와서 자기의 신으
로 세우고 그것들 앞에 경배하며 분향한지라
15절 그러므로 여호와께서 아마샤에게 진노하사 한 선지자를 그에게 보내시니 그가 이르되 저
백성의 신들이 그들의 백성을 왕의 손에서 능히 ◯◯ 하지 못하였거늘 왕은 어찌하
여 그 신들에게 구하나이까 하며
16절 선지자가 아직 그에게 말할 때에 왕이 그에게 이르되 우리가 너를 왕의 모사로 삼았느냐
그치라 어찌하여 맞으려 하느냐 하니 선지자가 그치며 이르되 왕이 이 일을 행하고 나의
◯◯ 를 듣지 아니하니 하나님이 왕을 ◯◯◯◯◯ 작정하신 줄 아
노라 하였더라

1. 아마샤왕이 전쟁을 위해 준비한 것은 무엇인가요? (5~6절)

2. 아마샤왕이 하나님을 의지하고 포기한 것은 무엇인가요? (7~10절)

3. 아마샤왕이 에돔과의 전쟁에서 승리한 이후 지은 죄는 무엇인가요? (14~16절)

## VALUE 하나님만 의지해요

하나님은 우리가 기쁠 때나 슬플 때, 행복할 때나 힘들고 어려울 때 항상 우리와 함께하시며 도와주세요. 그래서 우리는 좋은 시간뿐만 아니라 힘든 시간에도 하나님만 의지해야 해요. 다음 활동을 통해 나의 어려움을 하나님께 올려 드려 볼까요?

〈준비물〉 두꺼운 끈(예:빨랫줄), 포스트잇, 스테이플러나 풀 혹은 셀로판테이프

### 활동 방법

1. 포스트잇에 친구들이 겪고 있는 힘든 일을 적어 봅니다.
2. 또 다른 포스트잇에는 '하나님'이라고 적습니다.
3. 나의 힘든 것을 적은 포스트잇과 하나님이라고 적은 포스트잇을 두꺼운 끈에 붙이되 조금 거리를 두고 붙입니다.
4. 선생님이 설명하면서 선을 자릅니다.
5. 친구들이 이 선을 묶어 보려고 노력합니다.
6. 잘되지 않으면 선생님이 매듭을 단단하게 묶어 주고 구원해 주시는 하나님의 능력을 설명해 줍니다.

## ENJOY MY STORY

매일 아침 하나님을 의지하게 해 달라고 기도해 보세요.

| | 기도 내용 |
|---|---|
| 월 | |
| 화 | |
| 수 | |
| 목 | |
| 금 | |
| 토 | |

예 용돈이 얼마 남지 않아서 하나님보다 돈을 더 의지했던 것 같아요.
나에게 필요한 것을 주시는 하나님을 신뢰하게 해 주세요.

식탁 교제! 일기를 쓰세요.

년 월 일 시간 함께한 사람 장소

기억하고 싶은 것을 기록해 보세요.

chapter 6

# 3과 구원의 하나님께 돌이켜요

**읽을 말씀**

역대하 29:1~19

**핵심 포인트**

구원의 하나님께 돌이키라.

**외울 말씀**

내가 찬송 받으실 여호와께 아뢰리니 내 원수들에게서
구원을 받으리로다 삼하 22:4

## WELCOME 신박한 정리

나는 방 청소를 잘하는 편인가요? 물건을 정리할 때 어떤 기분이 드는지 나눠 보세요.

# ADVENTURE

성경에서 역대하 29장 10~11, 15~19절을 찾아 빈칸을 채우고 질문에 답하세요.

10절 이제 이스라엘의 하나님 여호와와 더불어 ○○을 세워 그 맹렬한 노를 우리에게
서 떠나게 할 마음이 내게 있노니
11절 내 아들들아 이제는 게으르지 말라 여호와께서 이미 너희를 택하사 그 앞에 서서 ○○
⋮ 들어 그를 섬기며 분향하게 하셨느니라
15절 그들이 그들의 형제들을 모아 성결하게 하고 들어가서 왕이 여호와의 말씀대로 명령한
것을 따라 여호와의 전을 ○○○○ 할새
16절 제사장들도 여호와의 전 안에 들어가서 깨끗하게 하여 여호와의 전에 있는 모든 더러운 것
을 끌어내어 여호와의 전 뜰에 이르매 레위 사람들이 받아 바깥 기드론 시내로 가져갔더라
17절 첫째 달 초하루에 성결하게 하기를 시작하여 그 달 초팔일에 여호와의 낭실에 이르고 또
팔 일 동안 여호와의 전을 ○○하게 하여 첫째 달 십육 일에 이르러 마치고
18절 안으로 들어가서 히스기야 왕을 보고 이르되 우리가 여호와의 온 전과 번제단과 그 모든
그릇들과 떡을 진설하는 상과 그 모든 그릇들을 깨끗하게 하였고
19절 또 아하스 왕이 왕위에 있어 범죄할 때에 버린 모든 그릇들도 우리가 ○○하고 성
결하게 하여 여호와의 제단 앞에 두었나이다 하니라

1. 히스기야왕은 하나님이 맹렬한 진노를 거두시기를 바라며 무엇을 하겠다고 말했나요? (10~11절)

2. 레위 사람들이 서로 모여 한 일은 무엇인가요? (15~16절)

3. 레위 사람들이 히스기야왕에게 와서 보고한 것은 무엇인가요? (18~19절)

## VALUE 마음 정리 게임!

히스기야왕이 다시 하나님께 제사를 드리기 위해 성전을 정리했듯이 우리의 마음을 정리해 봅시다. 하나님이 기뻐하시지 않는 것, 하나님을 예배하지 못하게 하는 것을 '마음 정리 게임'을 하며 모두 정리해 볼까요?

### 게임 방법

1. 선생님이 포스트잇을 친구들에게 10장씩 나누어 주고, 각 종이에 자신이 정리해야 하는 마음, 생각, 생활 모습 등을 적습니다.
2. 선생님은 친구들이 적은 것을 보고 서로 간단히 이야기하도록 합니다.
3. 두 팀으로 나눠 각 팀에서 한 친구씩 나와 자신이 적은 포스트잇을 같은 편 친구가 그 친구의 몸에 붙여 줍니다. 이마나 볼 옷 등에 붙이면 됩니다.
4. 시작이라는 소리와 함께 서로 몸에 붙은 포스트잇을 떼기 위해 다양하게 몸을 움직입니다.
5. 1분 동안 포스트잇을 더 많이 떨어뜨린 친구가 승리합니다.
6. 떨어지지 않은 포스트잇은 직접 뗍니다.
7. 쓰레기통을 준비해 포스트잇을 구겨 던져 넣습니다.

## ENJOY MY STORY

매일 마음을 점검한 뒤 정리해야 할 것을 적고
하나님께 돌이키게 해 달라고 기도하세요.

| | 정리해야 할 마음 | 기도 내용 |
|---|---|---|
| 월 | | |
| 화 | | |
| 수 | | |
| 목 | | |
| 금 | | |
| 토 | | |

식탁 교제! 일기를 쓰세요.

년 월 일 시간 함께한 사람 장소

기억하고 싶은 것을 기록해 보세요.

chapter 6

# 4과 구원의 하나님 앞에 행해요

**읽을 말씀**

역대하 31:1~21

**핵심 포인트**

구원의 하나님 앞에 행하라.

**외울 말씀**

히스기야가 온 유다에 이같이 행하되 그의 하나님 여호와 보시기에 선과 정의와 진실함으로 행하였으니 대하 31:20

## WELCOME 교회 문밖으로 나가며

지난 주일에 하나님을 예배한 후 한 주 동안 어떻게 생활했나요? 하나님의 말씀을 실천하며 살았나요, 아니면 하나님을 잊은 채 살았나요? 친구들과 함께 나눠 보세요.

ADVENTURE

성경에서 역대하 31장 1~6, 8~10절을 찾아 빈칸을 채우고 질문에 답하세요.

1절 이 모든 일이 끝나매 거기에 있는 이스라엘 무리가 나가서 유다 여러 성읍에 이르러 주상
들을 깨뜨리며 아세라 목상들을 찍으며 유다와 베냐민과 에브라임과 므낫세 온 땅에서
산당들과 제단들을 ○○ 하여 없애고 이스라엘 모든 자손이 각각 자기들의 본성
기업으로 돌아갔더라
2절 히스기야가 제사장들과 레위 사람들의 반열을 정하고 그들의 반열에 따라 각각 그들의
직임을 행하게 하되 곧 제사장들과 레위 사람들에게 번제와 화목제를 드리며 여호와의
휘장 문에서 섬기며 감사하며 ○○ 하게 하고
3절 또 왕의 재산 중에서 얼마를 정하여 여호와의 ○○ 에 기록된 대로 번제 곧 아침과
저녁의 번제와 안식일과 초하루와 절기의 번제에 쓰게 하고
4절 또 예루살렘에 사는 백성을 명령하여 제사장들과 레위 사람들 몫의 음식을 주어 그들에
게 여호와의 율법을 힘쓰게 하라 하니라
5절 왕의 명령이 내리자 곧 이스라엘 자손이 곡식과 포도주와 기름과 꿀과 밭의 모든 소산
의 첫 열매들을 풍성히 드렸고 또 모든 것의 ○○○ 를 많이 가져왔으며
6절 유다 여러 성읍에 사는 이스라엘과 유다 자손들도 소와 양의 십일조를 가져왔고 또 그들
의 하나님 여호와께 구별하여 드릴 성물의 십일조를 가져왔으며 …
⋮
8절 히스기야와 방백들이 와서 쌓인 더미들을 보고 여호와를 송축하고 그의 백성 이스라엘
을 위하여 ○○ 하니라
9절 히스기야가 그 더미들에 대하여 제사장들과 레위 사람들에게 물으니
10절 사독의 족속 대제사장 아사랴가 그에게 대답하여 이르되 백성이 예물을 여호와의 전에
드리기 시작함으로부터 우리가 만족하게 먹었으나 남은 것이 많으니 이는 여호와께서 그
의 백성에게 복을 주셨음이라 그 남은 것이 이렇게 많이 쌓였나이다

1. 이스라엘 백성이 자기 가족과 집이 있는 본성 기업으로 돌아가기 전에 유다 여러 성읍에서 한 일은 무엇인가요? (1절)

2. 성전 제사를 회복하기 위해서 히스기야가 정비한 세 가지는 무엇인가요? (2~4절)

3. 여호와의 성전에 가득 쌓였던 더미들은 무엇이었나요? (10절)

## VALUE 그림으로 속담을 표현해요

여러분의 상상력을 동원해서 아래 속담 중 두 개를 그림으로 표현해 볼까요?
그리고 이 속담의 뜻이 무엇인지 추측해 보세요.

우는 고양이는 쥐를 잡을 수 없다. (유대인 속담)

말로는 천당도 짓는다. (한국 속담)

입속의 천둥은 적을수록 좋고, 손의 빛은 많을수록 좋다. (인디언 속담)

히스기야왕이 우상을 제거하고 제사장과 레위인이 제 역할을 하도록 반열을 정비했어요.
나도 하나님의 사람으로 살아가기 위해서 삶을 재정비하려면 어떻게 해야 할지 구체적인 방법을 아래 적어 보세요.

## ENJOY MY STORY

Value에서 정한 실천 방법을 일주일 동안 실천해 보세요.

| | 내가 말씀대로 살기 위해 실천한 행동 | 확인 |
|---|---|---|
| 월 | | ☐ |
| 화 | | ☐ |
| 수 | | ☐ |
| 목 | | ☐ |
| 금 | | ☐ |
| 토 | | ☐ |

식탁 교제! 일기를 쓰세요.

년 월 일 시간 함께한 사람 장소

기억하고 싶은 것을 기록해 보세요.

고학년

# DREAM WAVE

SERVING STORY 1

☆ : 풀칠하는 곳

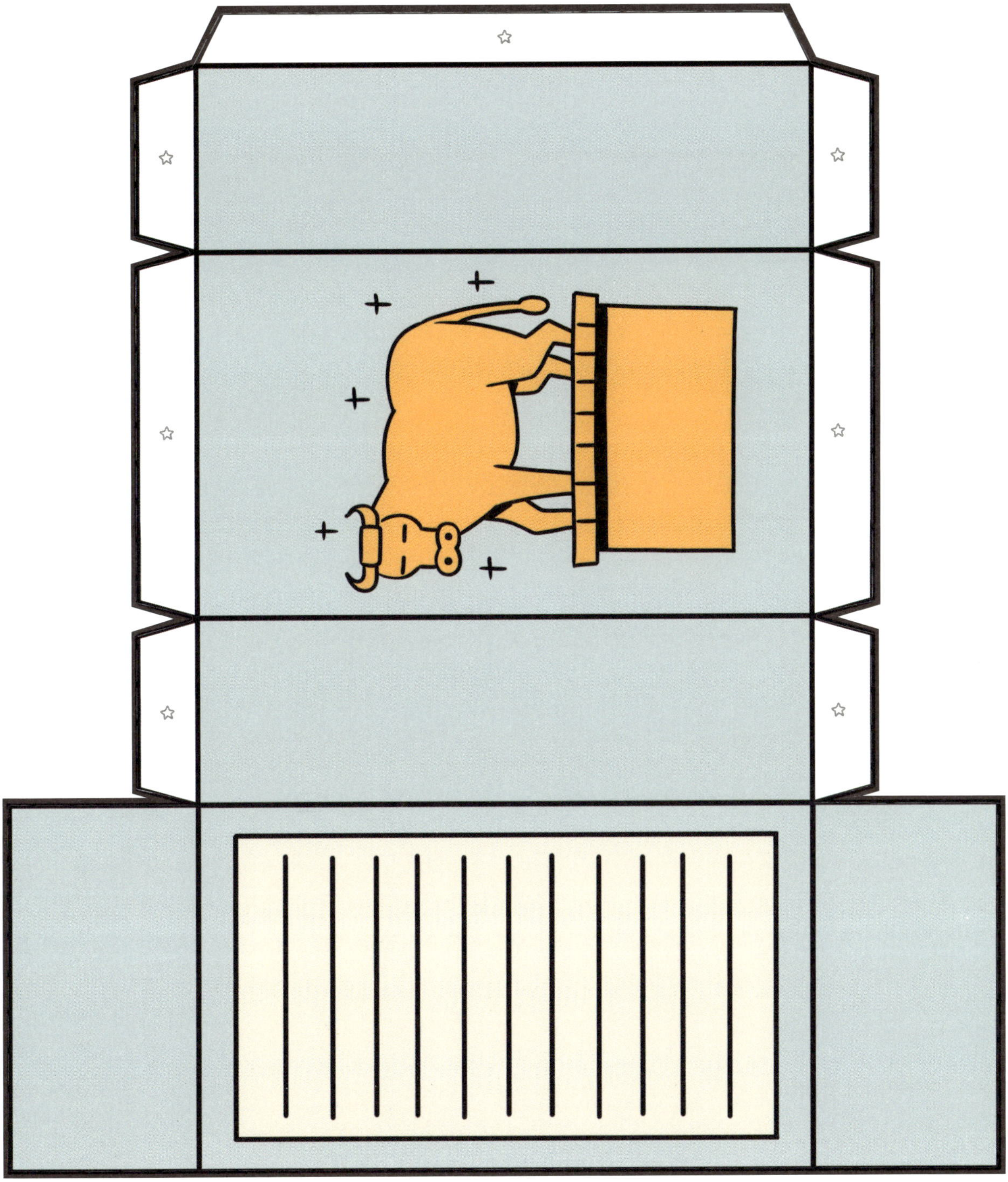